国家自然科学基金"融资融券对称交易行为及其影响研究——基于科创板制度背景"（72002048）
国家自然科学基金"卖空机制的审计师治理效应研究"（71902043）
教育部人文社科基金"资本市场制度变革背景下科创板卖空机制设计与市场影响研究"（20YJC790192）
广东外语外贸大学引进人才科研启动项目（299-X5222039）

资助

周艳利◎著

卖空机制引入、公司治理
与企业投融资行为

The Introduction of Short-selling, Corporate Governance
and Corporate Investment and Financing Behavior

中国财经出版传媒集团

经济科学出版社
Economic Science Press

图书在版编目（CIP）数据

卖空机制引入、公司治理与企业投融资行为／周艳利著．——北京：经济科学出版社，2022.10

ISBN 978 – 7 – 5218 – 4180 – 0

Ⅰ. ①卖… Ⅱ. ①周… Ⅲ. ①上市公司 – 企业管理 – 研究 – 中国 ②上市公司 – 投资 – 研究 – 中国 ③上市公司 – 融资 – 研究 – 中国 Ⅳ. ①F832.51 ②F279.246

中国版本图书馆 CIP 数据核字（2022）第 200697 号

责任编辑：杜　鹏　刘　悦
责任校对：孙　晨
责任印制：邱　天

卖空机制引入、公司治理与企业投融资行为
周艳利　著
经济科学出版社出版、发行　新华书店经销
社址：北京市海淀区阜成路甲 28 号　邮编：100142
编辑部电话：010 – 88191441　发行部电话：010 – 88191522
网址：www. esp. com. cn
电子邮箱：esp_bj@ 163. com
天猫网店：经济科学出版社旗舰店
网址：http：// jjkxcbs. tmall. com
固安华明印业有限公司印装
710 × 1000　16 开　11.75 印张　200000 字
2022 年 12 月第 1 版　2022 年 12 月第 1 次印刷
ISBN 978 – 7 – 5218 – 4180 – 0　定价：68.00 元
（图书出现印装问题，本社负责调换。电话：010 – 88191510）
（版权所有　侵权必究　打击盗版　举报热线：010 – 88191661
QQ：2242791300　营销中心电话：010 – 88191537
电子邮箱：dbts@ esp. com. cn）

前　言

　　党的十九大报告中提出"深化金融体制改革，增强金融服务实体经济能力，提高直接融资比重，促进多层次资本市场健康发展"。金融体制是社会主义市场经济体制的重要组成部分，现代金融体系的建设、资本市场的健康发展离不开完善的金融制度。融资融券制度作为成熟资本市场中重要的基础交易制度之一，一直以来被认为是证券市场中不可或缺的组成部分。但长期以来，我国证券市场因不允许卖空使投资者只能"买涨不买跌"。直至2010年3月31日我国证券市场融资融券交易试点正式启动，部分上市公司被允许卖空，才使投资者不仅可以买涨还可以买跌，打破了我国证券市场一直以来的"单边市"状态。随着融资融券制度的推行，融资买入和融券卖空已成为证券市场的基础操作。融资融券制度的推出是继股权分置改革全面实施之后，又一个对中国资本市场发展具有根本性影响的制度安排，其中，融券制度更是结束了我国证券市场不允许卖空的历史。

　　从理论上来看，对于证券市场而言，卖空机制允许卖空者进入市场表达负面信息和观点，从而加快了公司负面信息传递，为证券市场提供了新的价格发现机制，提高了市场的定价效率。同时，卖空交易还创造了可卖空股票的供给和需求，提高了市场流动性，但作为对冲机制，卖空交易也会造成市场波动，影响市场稳定性。除了对证券市场的直接影响，由于卖空是基于企业负面信息传递和交易的制度，卖空机制还可以作为市场化的外部治理机制，有效地监督和约束企业不当行为，这无疑是从市场的角度为公司治理提供了新的方向。因此，卖空机制不仅对于健全资本市场具有重要作用，还对于通过资本市场引导实体企业资源配置、监督约束公司治理有着重要的影响。对这一里程碑事件深入探讨，研究其对实体经济资源配置，将不仅有助于从微观层面上厘清卖空机制的作用机理和影响路径，对卖空机制的实施所带来的政策效果作出评估，还可以为进一步深化和完善我国证券市场融资融券制度提供新依据，无论在理论研究还是实践应用上都具有重要意义。

本书从卖空机制作为一种来自外部证券市场的基于（负面）信息传递和交易的治理机制的视角出发，研究了卖空机制的事前威慑效应对于企业投融资决策和资源配置效率的作用机理与影响效果。之所以从卖空的事前威慑效应出发，是因为其可以在实际的卖空行动发生之前就对企业投融资行为起到约束作用，而且由于我国融资融券制度实施时间较短，融券卖空交易还存在诸多限制，导致实际的卖空交易量还相当有限，所以从卖空的事前威慑效应出发更加符合我国的现实情况。因此，本书从卖空的事前威慑视角，探索和检验了卖空机制的引入对企业投融资决策以及资源配置的作用效果和影响路径，进而对我国证券市场所实施的融资融券制度给实体经济的资源配置所带来的政策效果作出了评估。具体而言，本书利用 2010 年 3 月我国证券市场推行的融资融券制度所提供的准自然实验研究机会，采用双重差分法，选取截至 2014 年被选为融资融券的企业作为处理组，同时选取满足融资融券标的选取规则且同一行业中资产规模最为接近的非融资融券标的企业作为控制组，以 2007 年第一季度~2015 年第一季度的上市公司作为季度样本。重点研究了以下三个问题。

第一，从卖空的事前威慑视角出发，研究了我国证券市场引入的卖空机制对于企业融资行为的影响。研究发现，与不允许卖空的企业相比，在卖空机制引入后，允许卖空的企业其新增外部权益融资、债务融资以及外部融资总额均显著地减少，且新增债务融资的减少程度要比新增外部权益融资的减少程度更大，企业在融资方式上仍倾向于权益融资，并引起了财务杠杆的下降。进一步检验表明，那些在融资融券制度实施之前内部治理水平较差或正向盈余管理程度较高的企业，在卖空机制引入之后其新增外部权益融资、债务融资以及外部融资总额下降程度更大。这些检验结果意味着，尽管我国卖空机制的引入时间不长且实际的卖空交易量也较小，但卖空机制作为一种来自外部证券市场的治理机制正在发挥着事前的威慑作用，并通过弥补内部治理水平的不足而影响企业的融资行为。

第二，从卖空的事前威慑视角出发，研究了卖空机制的引入对于企业投资水平和资源配置效率的影响。研究发现，在卖空机制引入后，与不允许卖空的企业相比，允许卖空的企业其投资水平下降包括总资产的改变量、固定资产和无形资产投资支出、固定资产投资支出均显著地减少。而且对于那些融资约束程度高和价值相对被高估的企业，卖空机制的引入对其投资水平的影响程度更深。进一步检验发现，卖空机制的引入所导致投资水平的下降是有效率的。在卖空机制引入后，与不允许卖空的企业相比，允许卖空的企业投资—成长机会的敏感性提高，过度投资减少，后期的市场业绩提升。这些检验结果表明，卖空机制为证券市场注入有关企业价值的（负面）私人信息并由此矫正高估的股价，不仅可以对企业内部人及其管理者起到约束规制作用，还可以通过证券市场反馈作用使得管理者能够从股价中学习到其尚未掌握的信息并在投资决策时作出合理反应，从而影响企业的投资水平，改善企业财务资源配置，提高实体经济资源配置效率。

第三，在对企业投融资行为的研究基础上，探讨了卖空机制的引入是否会通过优化企业的投融资行为而最终对企业的市场价值产生积极影响。研究发现，在卖空机制引入后，与不允许卖空的企业相比，允许卖空的企业其公司价值显著提升，而且对于内部治理水平差的企业其公司价值提升效果更明显。进一步对卖空机制的引入提升公司价值的作用路径进行研究发现，卖空机制对于公司价值的提升主要是通过提高企业未来的经营绩效，在卖空机制引入后，与不允许卖空的企业相比，允许卖空的企业其经营绩效显著提高。这些检验结果表明，我国证券市场融资融券制度推行所引入的卖空机制通过优化企业的投融资行为而最终提高了企业经营绩效，并提升了公司价值，影响了实体经济的资源配置。

综上所述，本书研究表明，尽管我国卖空机制的引入时间不长且实际的卖空交易量也相对较小，但卖空机制作为一种来自外部证券市场的治理机制事实上发挥了事前的威慑作用。由于卖空机制的引入提供了在证券市场上及时地、充分地释放关于企业价值负面信息以及由此而带来的影响股价的潜在压力，这将威胁企业及其内部人的自身利益，因此，企业及其内部人不得不在现实的卖空行动实施之前就采取措施约束自身不良财务行为，这正是卖空机制所起到的"事前威慑"。正是由于这种效应的存在，使卖空机制可以作为一种外部治理机制监督和约束企业的不良行为，弥补企业内部治理水平的不足，改善企业投融资决策，从而提高实体经济的资源配置。

周艳利

2022 年 8 月

目　　录

绪　　论

一、研究问题的提出

作为一种兼具杠杆交易和卖空交易的信用交易制度，融资融券制度是证券市场一项普遍和成熟的基础交易制度，对于完善证券市场价格发现、提高市场稳定性和流动性以及增强市场风险管理等都有着积极的意义。其中，融券卖空机制作为成熟证券市场中重要的基础制度，被普遍认为是市场不可或缺的组成部分。国际证监会组织（IOSCO）曾对卖空交易作出如下评价：卖空交易可以为证券市场提供有效的价格发现机制、减少市场泡沫、增加市场流动性以及有利于投资者避险或者其他风险管理活动。因此，卖空交易制度的引入对于建设成熟资本市场、健全资本市场交易机制具有重要的作用。目前，大多数发达国家的证券市场都已引入卖空机制，而新兴证券市场，随着自身市场的发展和对外开放程度的增加，也逐渐开始引入卖空交易机制①。

作为新兴证券市场，中国证券市场经过 30 多年的高速发展，市场投资品种愈加丰富，投资规模和投资人数也逐步扩大，市场机制也逐渐完善。但长期以来，我国证券市场因不允许卖空使投资者面临只能"买涨不买跌"的困局，造成中国股市一直以来的"单边市"结构性缺陷。2010 年 3 月 31 日，我国证券市场正式启动融资融券交易试点，随着融资融券制度的推行，部分上市公司被允许卖空，从而使投资者不仅可以买涨还可以买跌，打破了我国

① 达乌克和查罗恩鲁克（Daouk and Charoenrook，2009）的调查研究表明，早在 20 世纪 90 年代以前，有 64% 的成熟证券市场允许卖空，仅有 10% 的新兴市场允许卖空，至 2002 年，允许卖空的成熟市场占 95%，新兴证券市场则增加至 31%。

证券市场 20 年以来的"单边市"状态。然而，不同于发达国家和地区的证券市场，我国融资融券制度实施只有 10 多年，时间相对较短，而且由于证券市场交易制度不成熟、机构化程度较低、机构投资者较少、券源出借不足、卖空成本较高等原因，使我国 A 股市场的两融业务长期严重失衡，融资融券交易存在明显的非对称性，融资交易占据绝对主导，融券交易余额仅占两融交易余额的 1% 左右。这意味着，我国融资融券交易中实际的卖空交易量还相当有限，主要以融资交易为主，与成熟资本市场相比，还存在较大差距①。正是由于 A 股市场一直以来融券规模较小，加上 2015 年股市波动的发生，使近几年来融资融券制度，尤其是卖空机制的积极作用开始受到质疑。那么在这种情形下，我们不禁会思考，随着我国融资融券制度推行而引入的卖空机制能否像成熟资本市场卖空机制一样发挥作用？这一市场交易制度的变革是否会对我国证券市场和企业资源配置产生影响？如果产生影响，其背后的作用机理和影响路径是什么？这些都是我们评价融资融券这一制度的推行，尤其是卖空机制的引入，必须思考和亟待回答的问题。

我国卖空机制是伴随着融资融券制度的实施而引入的。融资融券制度是一种基于"证券信用交易"的制度，其中，"融资交易"制度允许投资者以资金或者证券作为质押向证券公司借入资金用于证券买入，从而使投资者拥有了买多的机会，而"融券交易"制度则允许投资者以资金或者证券作为质押向证券公司借入证券卖出，从而使投资者具有卖空的机会。"融资交易"从本质上来说属于杠杆交易。然而事实上，我国证券市场上的杠杆交易早已有之，许多投资者通过各种信用渠道借贷资金并投入股市，而"融资交易"制度的推出只是在市场层面建立了较为规范的杠杆交易制度而已。"融券交易"制度的引入则意味着我国证券市场首次引入卖空机制，这对我国证券市场和上市公司来说是一种全新的机制，投资者从此具有将利空的信息积极地反映到股价上的机会。因此，本书试图对我国证券市场卖空机制的引入这一里程碑事件进行探讨，研究其对企业投融资行为的规制作用，进而就我国卖

---

① 萨菲和西格德森（Saffi and Sigurdsson，2011）的统计结果显示，美国、英国、澳大利亚等 26 个股票市场的日平均融券余量占所有股票数量的 5.75%。

空机制的实施对实体经济资源配置效率所带来的政策效果作出评估。这不仅将为融资融券制度实施的政策效果提供新的证据，也将有助于进一步深化和完善我国融资融券机制，具有重要的理论和现实意义。

关于卖空机制的相关研究表明，卖空机制的引入与实施可以从两个层面来影响资源的配置。一是卖空机制的引入通过促进（负面）信息传递来改善股票的定价效率进而影响投资者在证券市场的资源配置（Diamond and Ver-recchia，1987；Senchack and Starks，1993；Chang et al.，2007；Saffi and Sig-urdsson，2011；Boehmer and Wu，2013；Bohl et al.，2018）；二是卖空机制的引入通过可能带来的负面信息的扩散以及股价下跌的威胁对企业内部人产生约束作用和通过股票市场的反馈作用（feedback effect）① 影响企业财务决策进而影响企业层面资源配置（Brunnermeier and Oehmke，2013；He and Tian，2014；Nezafat et al.，2014；Chang et al.，2015；Massa et al.，2015；Grullon et al.，2015；Fang et al.，2016；Meng et al.，2020）。目前针对前者的研究已经十分广泛，形成了丰富的研究成果，自我国融资融券政策实施以来，国内学者也以此为契机对前者进行了深入探讨，且多发现卖空机制的引入确实提高了股票市场的定价效率进而影响了投资者在证券市场的资源配置（李科等，2014；李志生等，2015）。而针对后者，即关于卖空机制的引入能否影响企业财务决策并进而影响企业层面资源配置的相关研究也开始逐步增多，国内学者从企业的盈余管理、信息披露、投资决策、现金持有等进行了初步探讨（陈晖丽和刘峰，2014；靳庆鲁等，2015；张璇等，2016；侯青川等，2016；陈胜蓝和马慧，2017；王仲兵和王攀娜，2018；孟庆斌等，2019），已成为近年来公司财务中一个备受关注的研究方向。因此，尽管前者是我们研究的理论基础，但本书将主要对后者进行研究。

现有研究成果表明，卖空机制之所以能够对企业投融资行为以及资源配置产生实质性的影响，是因为卖空机制对企业来说是一种来自外部证券市场的基于（负面）信息传递和交易的治理机制，这种治理机制能够通过卖空的

---

① 股票价格能够汇集和传递信息，其中，股票价格中包含外部投资者可能具有但企业管理者所没有的私人信息，管理者可以从股价中了解到这些信息并在进行投资决策时进行参考，股票价格能够引导企业投资决策，这便是证券市场对实体经济决策的"反馈作用"。

事前威慑和卖空的事后惩罚两种治理效应对企业的投融资行为产生规制作用（Nezafat et al.，2014；Chang et al.，2015；Massa et al.，2015；Fang et al.，2016）。只要引入卖空机制或者放松卖空约束，那么，即使实际的卖空交易发生不多，卖空机制也会起到规制企业投融资行为的作用，因为潜在的卖空行动可能会带来负面信息的大范围传播和股价下跌的压力，从而影响外部投资者包括中小股东与债权人对企业风险的判断并引起企业资本成本的上升，并威胁到管理者的自身财富以及工作安全。企业及其管理者不得不对这种卖空带来的治理效应作出事前反应，约束其采取不良财务行为的冲动，这便是卖空的"事前威慑效应"。卖空的事前威慑效应的强度取决于卖空约束的放松程度，也就是可供出借的股票数量，即卖空供应量。此外，一旦卖空者实施卖空攻击，那么股价下跌成为现实并直接导致企业资本成本上升，更为严重的是卖空攻击可能会影响企业的其他利益相关者（债权人、客户、供应商）对企业的看法，削弱与企业的业务联系而使企业更易陷入财务困境。在这种情况下，企业不得不在遭到现实的卖空攻击后调整其财务行为，这就是卖空的"事后惩罚效应"，其强度取决于实际的卖空交易量（融券余额），与卖空的事前威慑效应的区别在于是否发生真实的卖空行动。

在规制企业及其管理者的行为中，卖空带来的事前威慑效显得更为重要，因为其可以在实际的卖空行动发生之前就对企业的财务行为起到约束作用。现有的国内外相关研究成果表明，卖空机制的引入或卖空约束的放松对企业财务行为所起到的事前威慑作用是相当显著的。而且，正如前面所指出的那样，与国外成熟市场的卖空交易制度不同，我国的融资融券制度实施时间较短，融券卖空交易还存在诸多限制，存在融券券源不足，融券交易成本较高，交易机制设计不够灵活等诸多缺陷，使我国证券市场的融券规模远小于融资规模，实际的卖空交易量还相当有限，导致卖空机制的功能还未得到充分发挥，卖空事后惩罚效应较小，因此，从卖空的事前威慑效应出发更加符合我国现实情况。

鉴于此，在具体探讨我国卖空机制的引入对于企业的投融资行为及其资源配置影响时，有必要充分把握以上现实背景。此外，我国除了特定的卖空制度背景外，上市公司也存在特定的公司治理结构特征（存在控制大股东中小投资者保护不力、来自外部的机构投资者制衡力量较为薄弱等）。因此，我们将在我国特定的制度背景下，基于我国上市公司特定的公司治理结构特征，从卖空的事前威慑视角探索和检验卖空机制的引入对企业投融资行为以及资源配置的作用机理和实际效果，进而就我国融资融券的实施对实体经济的资源配置所产生的政策效果作出评估。具体地，本书将利用我国证券市场推行融资融券制度所提供的准自然实验研究机会，采用双重差分法，选取股市波动发生之前截至 2014 年被选为融资融券的企业作为处理组，同时选取满足融资融券标的选取规则且同一行业中资产规模最为接近的非融资融券标的企业作为控制组，重点研究以下三个方面的问题。

（1）卖空的事前威慑对我国上市企业的融资行为的影响。其包括企业的新增外部权益融资、债务融资和外部总融资以及企业融资方式与资本结构的影响，并在此基础上进一步探讨卖空机制引入后企业内部治理水平以及正向盈余管理程度是否会影响企业新增外部融资对卖空事前威慑的敏感性，从而验证作为一种外部治理机制——卖空机制的引入能否通过弥补我国企业内部治理的缺陷，交互地起到规制企业融资行为的作用。

（2）卖空机制的引入对我国上市企业的投资行为和资源配置效率的影响。首先，从证券市场的反馈作用视角出发，探讨卖空机制的引入是否为证券市场注入关于企业价值的（负面的）私人信息并由此矫正了高估的股价，影响了管理者通过股价学习到外界投资者拥有的但自己却不知道的有关企业价值的（负面）信息来调整投资水平，并在此基础上检验融资约束水平和价值高估程度等企业异质性特征对企业投资水平和卖空机制引入之间敏感性的影响。其次，探讨这种基于卖空的证券市场的反馈作用所导致的投资水平下降是否有效率，分析并检验卖空机制的引入是否提升了投资—成长机会的敏感性，卖空机制引入后可能引起的投资水平下降是否是抑制了企业的过度投资行为而产生的，以及当期的投资水平是否会提升企业后期的市场业绩，这三个方面的检验为卖空机制的引入对于企业资源配置效率的检验提供更加全面的证据。

（3）卖空机制的引入对于企业价值和经营绩效的影响。基于企业投融资行为的研究结果，探讨卖空机制的引入对企业价值的影响。如果卖空机制的引入以及卖空所带来的事前威慑和基于卖空的证券市场反馈作用可以起到约束并优化企业及其管理者行为的作用，那么卖空机制的引入将通过优化企业的投融资行为而最终对企业的市场价值产生影响。因此，首先检验卖空机制的引入对于企业市场价值产生的影响，并在此基础上进一步探讨企业内部治理水平是否会影响公司价值对卖空的敏感性，从而验证作为一种外部治理机制的卖空机制是否通过弥补我国企业内部治理的缺陷，交互地起到规制企业投融资行为并带来企业市场价值的提升。其次通过对企业价值方程进行分解，深入探讨和检验卖空机制的引入对于企业价值的影响路径，讨论卖空机制的引入是否会带来企业未来经营业绩的提升，从而为卖空机制的引入是否有助于改善我国实体经济的资源配置提供直接的检验证据。

通过这三个方面的研究，本书为我国证券市场融资融券制度实施的政策效果提供新的检验证据，进而就我国卖空机制的实施对实体经济资源配置效率所带来的政策效果作出评估，并为进一步完善我国融资融券制度和公司治理提出具有建设性的政策建议。

二、研究意义

卖空机制作为证券市场基础性的交易制度，是市场无套利均衡实现的前提，对于资本市场健康发展有着非常重要的影响。一直以来，我国证券市场因不允许卖空而处于"单边市"状态，阻碍了资本市场的健康发展。因此，不仅学术界，市场上的金融机构、新闻媒体以及证券机构等都非常关注卖空机制。卖空机制引入后将对我国资本市场和实体经济产生何种影响，也成为各方一直争论和探索的话题。本书在前人关于卖空机制对于资本市场资源配置影响研究的基础上，进一步探讨卖空机制对于实体经济资源配置，尤其是企业投融资决策的实际影响，这不仅是学者们关注的热点研究话题，也是证券市场监管机构和政府政策制定者所关心的重要问题和工作。因此，本书的研究不仅具有理论意义，而且具有现实意义。

（1）理论意义。本书研究卖空机制的引入对企业投融资行为的影响将具有以下理论意义。

第一，有助于丰富公司治理的理论与应用研究。传统的公司治理理论强调的是内部治理结构、机构投资者制衡机制以及接管机制等对企业投融资行为的规制作用，而本书关心的是基于证券市场的卖空治理机制，这种治理机制能通过潜在的卖空者挖掘和传递负面信息可能会带来股价下跌的压力，从而威胁企业价值以及管理者的自身财富和工作安全，所以能约束管理者采取不良投融资行为的冲动。本书通过对企业内部治理水平和正向盈余管理程度进行分层检验，发现卖空机制的引入对于那些公司内部治理水平差和盈余管理程度高的企业融资行为影响程度更大，对于内部治理差的企业公司价值提升效应更大。这说明，卖空机制作为一种来自外部证券市场基于（负面）信息交易和传递的治理机制，可以通过弥补企业内部治理水平的不足，对企业的投融资行为产生规制作用，并提升其公司价值。因此，本书对卖空的事前威慑治理效应的研究，有助于深入地厘清卖空机制这种外部治理机制的作用机理和影响路径，且能丰富公司治理的理论和应用研究。

第二，有助于丰富公司财务的理论与应用研究。可以说，长期以来人们更多地关注企业的财务行如何对企业价值以及权益定价产生作用，但近十多年以来，学者们开始关注证券市场的交易行为以及定价如何反向地影响企业的投融资行为的问题（Chen et al.，2007；Edmans et al.，2015），提出了证券市场的反馈作用。而不同于以往公司财务的研究，本书则从卖空机制引入这一证券市场的外生冲击出发，基于卖空的市场交易，尤其是基于具有信息优势的短期交易者（卖空者）的潜在交易来探讨其对企业投融资行为作用机理与后果，发现卖空机制的引入使卖空者所了解的企业负面信息得以表达，加快了股价对私人信息的调整速度，从而为股票市场提供了一种新的价格发现机制，矫正了高估的股价，提高了股票市场的定价效率，增加了股价的信息含量。股价的信息含量提高，有助于管理者从股价中更好地了解外界投资者拥有但自己却不知道的企业相关的负面信息，作出更加合理的投资决策。本书从证券市场的反馈作用视角进行了检验，发现卖空机制引入后，企业的投资水平下降，但提高了企业的投资—成长机会的敏感性，减少了企业的过度投资，提高了企业未来的股票累计收益率。这说明，卖空机制的引入提高了股价的定价效率，更有效率的股价带来了企业投资水平的下降更多的是因为减少了企业的过度投资，反而提高了实体经济的资源配置效率。因此，本书针对卖空机制这一证券市场交易机制研究其对企业投融资行为的作用机理和后果，有助于进一步丰富证券市场对企业投融资行为的反馈作用研究。

第三，有助于丰富卖空理论的研究。多数卖空文献是关注卖空机制对于证券市场的影响，通过卖空交易量对股票价格产生的信息效应而将实际的卖空行动与股票回报率联系起来（Senchack and Starks，1993；Diether et al.，2009），认为卖空者的真实卖空行动预示着未来的股票回报率，因为卖空者能够接近私人信息并会影响股票市场的流动性和定价效率（Boehmer et al.，2008；Saffi and Sigurdsson，2011；Boehmer and Wu，2013；Boehmer et al.，2020）。然而，本书基于卖空的事前威慑的治理效应，强调的是企业及其管理者而不是投资者对潜在卖空行动的反应，强调的是卖空如何影响实体经济有效配置资源（企业财务资源）问题。本书从卖空的事前威慑视角出发，检验发现，卖空机制的引入有效地约束了企业的不良投融资行为，提升了企业的经营绩效和公司价值，切实改善了我国实体经济的资源配置。因此，本书对企业及其管理者关于卖空的事前威慑反应的研究，有助于进一步丰富卖空理论对于企业财务行为的探究。

（2）现实意义。在现阶段，探索和检验卖空的事前威慑效应对我国上市公司投融资行为的作用机理与治理效果具有特定的现实意义。

第一，自2010年3月我国证券市场推行融资融券制度以来，融资融券交易迅速增长，融资融券标的逐步扩容，参与投资者日益增加，融资融券业务试点与创新发展已经取得长足进步。但相比国外成熟资本市场来讲，我国融资融券实施时间较短，融券卖空交易还存在诸多限制，还存在融券卖空交易规模较小、卖空机制发挥平抑市场波动与抑制股价泡沫的作用较小和专业机构客户参与度不够等问题。在这种情形下，卖空机制的引入能否像西方成熟资本市场一样对于企业的资源配置发挥积极的作用，在中国的资本市场环境下将会存在什么不同，这正是需要迫切回答的现实问题。针对这个问题，本书结合中国证券市场卖空机制制度背景和实施现状，提出从卖空机制的事前威慑效应来研究我国卖空机制的引入对于企业的资源配置行为的影响更加合适。另外，从卖空的事前威慑角度出发对我国证券市场卖空机制的引入这一里程碑事件进行深入探讨，研究了其对企业投融资行为的规制作用，包括企业的对外权益融资和债务融资、资本结构、投资水平、投资效率等，并在投融资研究结果的基础上探讨其对企业价值的影响，发现我国证券市场卖空机制的引入时间虽然较短，实际卖空交易量也与成熟市场存在较大差距，但同样对企业的资源配置发挥了积极的作用。因此，本书的研究为我国证券市场融资融券制度的实施以及卖空机制的引入对企业资源配置效率的影响提供了直接的检验证据，有助于对我国融资融券所带来的政策效果作出评估。

第二，长期以来，我国一直面临着中小投资者保护不力、内部治理结构不够完善、来自外部市场的机构投资者制衡力量较为薄弱、因控制大股东的存在而使得来自外部市场的接管威胁相当弱小的公司治理局面。在这种情况下，我国证券市场于 2010 年 3 月推行融资融券制度而引入的卖空机制给我国上市公司增添了一种基于卖空的治理机制。那么这种新的外部治理机制是否会对企业的投融资行为起到治理作用、影响程度如何以及如何能够对现有的治理机制起到互补性的作用，进一步地，卖空机制的引入能否优化我国实体经济的资源配置，这正是本书试图回答的关键问题。针对这个问题，本书从卖空的事前威慑效应出发，直接检验了卖空机制的引入对于企业财务决策的规制作用，同时还关注到企业传统的内部治理机制与基于卖空的治理机制之间的交互作用对于卖空的事前威慑效应发挥的影响。研究发现，尽管我国引入卖空机制的时间不长且当前的实际卖空交易量也很小，但由卖空制度的引入所产生的事前威慑效应已经对我国上市公司的投融资行为起到规制作用，减少了企业的对外权益融资和债务融资，减少了企业的过度投资，提高了企业投资—成长机会的敏感性，并通过优化企业的投融资行为提升了企业价值，而且对于内部治理水平较差的企业价值提升效果更明显。因此，本书的研究证实卖空机制作为来自证券市场的一种外部治理机制，弥补了我国企业内部治理较弱的缺陷，优化了我国实体经济的资源配置。上述的研究结论将有助于为我国完善融券制度和公司治理提出具有建设性的政策建议。

第三，融资融券制度在我国的实施为本书提供了基于准自然实验的研究机会，利用这个外生的研究机会可有效地缓解内生性的问题，而内生性问题则是在研究证券市场对企业行为反馈作用时不可回避的问题（Goldstein and

Guembel，2008）。因为一方面企业的财务行为会影响证券市场反应；另一方面证券市场的变化也会影响企业财务行为调整，所以存在内生性问题。而我国融资融券制度的推行所引入的卖空机制是证券市场的制度变革，是来自证券市场的外生冲击，并非由于企业财务行为所导致的证券市场卖空行动，这就为本书研究卖空机制对于企业融资行为、投资水平和资源配置效率，公司价值和企业经营绩效的作用机理和影响效果等问题提供了很好的自然实验环境。因此，本书为了减轻研究时的内生性问题，利用我国证券市场推行融资融券制度所提供的准自然实验研究机会，选取融资融券的企业作为处理组，同时为了控制处理组和控制组样本之间的政策选择偏差和企业特征差异，在非融资融券标的中选取与处理组样本属于同一行业、企业规模最为接近的企业作为控制组样本，采用双重差分法，基于季度数据进行了统计检验。

三、研究逻辑框架

我们将基于我国推行融资融券制度所提供的准自然实验的研究机会，在我国公司治理结构特征下探索卖空的事前威慑对企业的融资行为、投资决策以及公司价值的具体作用机理和影响路径，构建的研究框架如图 0 - 1 所示。

在前面的研究框架中，鉴于我国特定的不同于西方国家的制度背景，可能会导致我们发现不同的作用路径并得出不同的研究结论，所以我们在研究中先关注我国特定的卖空机制制度背景——融资融券制度的推行。2010 年 3 月 31 日，我国融资融券试点正式启动，随着融资融券制度的推行，部分上市公司被允许卖空，从而投资者不仅可以买涨还可以买跌，打破了我国证券市场一直以来的"单边市场状态"。随着融资融券制度的试行而引入的核心制度是卖空机制，其中，"融资交易"制度的推出只是在市场层面建立了较为规范的杠杆交易制度而已，而"融券交易"制度的引入则意味着我国证券市场首次引入了卖空机制。

在卖空机制引入后，按照米勒（Miller，1977）的观点，在金融市场上，其本质上是给对未来持有悲观态度的交易者带来进入市场表达信息和观点的机会，从而使关于企业价值的负面信息可以及时地反映在证券价格中，也即

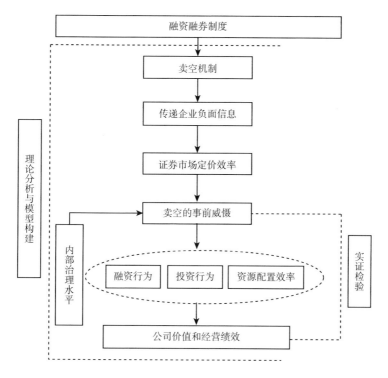

图 0 – 1　研究框架

卖空是基于信息的交易行为，并起到（负面）信息传递的作用，改善了内外部人之间的信息不对称（Senchack and Starks，1993；Aitken et al.，1998）。也正是卖空为证券市场注入了负面信息，所以证券价格面临下降的压力，挤出了价格中的泡沫，修正了证券的错误定价，从而改善了证券市场资产定价的效率（Bris et al.，2007；Cohen et al.，2007；Boehmer et al. 2008；Saffi and Sigurdsson，2011；Boehmer and Wu，2013）。由此，在企业价值可能遭受到卖空的影响时，作为理性的管理者在作出企业的投融资决策时不得不对卖空作出合理的反应，所以卖空机制的引入还会影响企业的投融资决策。

卖空机制的引入所带来的卖空的事前威慑对企业的投融资行为及其决策发生作用的基本路径是：在没有引入卖空的情况下，管理者当前所采取的不良行为的信息及其后果将在较远的未来才能体现在股价上，而在引入卖空机制后，由于卖空者为了自身的效用而具有向证券市场传递尚未在当前股价中体现出的关于管理者不良行为的信息或管理者不喜欢的信息的内在倾向，所以这些负面信息及其后果可能会因随时发生的卖空行动而很快在股价上得以体现，并产生股价下跌的压力。正是这种因引入卖空机制而带来的潜在的股价下跌的压力可能会使管理者面临基于股票的奖赏下降或面临因遭遇敌意接管而失去工作的可能性增大。因此，只要管理者关心其个人的财富和工作安全，那么卖空机制的引入就能够起到在事前阻止管理者不良投融资行为的作用，也即管理者自引入卖空机制之时就开始面临着卖空者的随时威慑，从而不得不在事前就注意采取合理的投融资行为。从这个意义上说，卖空机制所带来的事前威慑能够起到约束管理者行为的规制效果。除此之外，卖空机制所带来的事前威慑还可以通过证券市场的反馈作用影响企业的投融资决策。管理者可以从股价中了解到那些投资者知道但管理者并不知道的有关企业的（负面）私人信息。并在投资决策时进行参考，股票价格能够引导企业作出投资决策。正如米勒（Miller，1977）所指出，卖空限制使有关公司的负面消息难以及时反映到股价中，从而使股价只能反映乐观交易者的观点和信息，导致股价被高估。而卖空机制的引入使卖空者所了解的企业负面信息得以表达，加快了股价对私人信息的调整速度，从而为股票市场提供了一种新的价格发现机制，矫正了高估的股价，增加了股价的信息含量。更有信息含量的股价将指导管理者作出更加合理的投资决策，提高企业的投资效率。因此，本书在重点研究卖空的事前威慑的治理效应路径上，还会结合基于卖空的证券市场反馈作用路径对卖空机制的引入对于企业投融资决策的影响进行更加全面的研究。

特别地，这种卖空机制所产生的事前威慑作用只要卖空机制引入就会生效，并不取决于实际卖空交易量的大小。目前，由于我国引入融资融券制度的时间不长且实际的卖空交易量（融券余额）也较小。因此，在这种情况下卖空机制能否起到规制我国上市公司投融资行为并进而起到合理配置资源的作用，关键要检验卖空的事前威慑是否已经起到作用。我国融资融券制度的试行为我们研究此问题提供了宝贵的基于准自然实验的研究机会。从本质上看，我国卖空制度的引入是卖空约束逐渐放松的过程，先是引入卖空限制，使卖空供应量从无到有，随后又实施转融券制度，放松卖空约束，使卖空供应量逐步增加。鉴于此，从卖空的事前威慑角度进行我们的研究将是本书的重点。

而且，对企业而言，既然卖空机制本质上作为一种治理机制对企业及其管理者的财务决策起到规制作用，那么我们在研究卖空机制对企业投融资行为的作用机理时不得不关注企业传统的公司内部治理机制，即以股东大会、董事会、监事会以及独立董事制度为核心的内部治理机制。传统的公司内部治理机制与基于卖空的治理机制之间的交互作用可能会影响卖空事前威慑效应的发挥（Massa et al.，2013），影响到对企业投融资行为的规制程度。因此，我们在研究基于卖空的治理效应对企业投融资行为的影响时，我们不得不关注基于卖空的治理机制与传统的内部治理机制之间的交互作用。

四、研究内容

根据以上研究框架，本书将在我国特定的不同于西方的卖空制度背景下，结合我国公司治理特征，从卖空的事前威慑的视角展开以下两个方面的研究。

（1）卖空的事前威慑、公司治理与企业融资行为。首先，探索与检验卖空机制引入后卖空的事前威慑对企业新增外部融资的影响。引入卖空机制之后，对于允许卖空的企业而言，卖空者具有进入市场表达所拥有的信息和观点的机会，由此企业将会面临负面信息被揭示和扩散而带来的股价下跌的潜在威胁。卖空机制的引入可能会对企业价值造成负向冲击，这种潜在的威胁将直接增加股东和债权人所面临的风险，促使股东和债权人采取事前行动，影响企业的权益和债务的资金成本，进而影响企业的新增权益和债务融资规模。而且由于流动性的不同（Warga，1992），不同的融资方式对于企业负面信息的敏感性不同，相应的卖空机制的事前威慑效应对两种融资方式的作用程度也不同，企业的资本结构也将受到影响。因此，卖空机制引入后，允许与企业价值相关的企业负面信息在资本市场上披露和扩散，将会直接影响投资者对于企业风险的判断，从而影响企业的融资成本，进而影响企业的融资规模、资本结构等融资决策。其次，探索与检验卖空机制引入后企业的内部治理水平以及盈余管理程度是否会影响企业新增外部融资对卖空的事前威慑的敏感性，从而验证外部治理机制——卖空机制的引入能否交互地起到规制企业融资行为的作用。这是因为市场上的卖空者倾向于关注企业的内部治理水平以及财务信息质量并从中发现做空的机会（Karpoff and Lou，2010），所以那些内部治理水平较差或者盈余管理程度较高的企业更容易被卖空者盯上（Desai et al.，2006；Hirshleifer et al.，2011）。因此，在卖空机制引入之前那些内部治理水平较差或者盈余管理程度较高的企业，在卖空机制引入之后将面临更大的卖空威慑，所以对于内部治理水平和盈余管理程度不同的企业卖空的事前威慑对企业融资行为的作用效果可能会有所不同。

（2）卖空机制的引入、投资水平与资源配置效率研究。首先，探索与检验卖空机制引入对企业投资水平的影响。与融资行为从卖空的事前威慑所起到的规制作用的视角研究不同，针对企业的投资水平，卖空的规制作用发挥在本质上取决于卖空机制的引入能否为证券市场注入关于企业价值的（负面）私人信息并由此矫正高估的股价，更取决于企业及其管理者能否从股价中学习到其尚未掌握的信息并在投资决策时作出合理反映，所以我们将从证券市场对企业行为的反馈作用视角作出研究。正如米勒（Miller，1977）所指出的，当存在卖空限制时，卖空交易者难以进入市场表达负面信息和观点，从而使证券价格只能反映乐观交易者的观点和信息，股价被高估。而引入卖空机制后，对于允许卖空的企业而言，卖空者具有进入市场表达所拥有的负面信息和观点的机会，使外部投资者可以更好地了解企业信息，更合理地对企业进行估值，纠正高估的股价。当引入卖空机制纠正了高估的股价，并使股价下跌时，一方面，管理者会从股价中认识到外部投资者已经降低了对企业的估值，从而减少投资；另一方面，股价下跌将直接导致企业的融资成本上升，并相应地引起企业对外融资及投资水平的减少。所以卖空机制的引入通过提高证券市场的定价效率，矫正高估的股价影响企业的投资水平。

对于融资约束程度较大的企业，在被允许卖空且遭受高估的股价矫正后可能会面临更大的融资困难，所以投资水平有可能发生更大程度的下降。此外，鉴于价值高估程度较高的企业在被允许卖空后可能会面临更大程度的股价下跌，所以其可能因面临的融资成本上升幅度更大而不得不更大幅度地降低投资水平。由此，本书将探索与检验卖空机制引入后企业特征包括融资约束程度和价值高估如何影响企业投资水平对卖空机制引入的敏感性，讨论卖空机制的引入对于企业投资水平的影响是否会因所面临的企业特征的不同而不同。

其次，继续讨论投资水平下降是否是有效率的。针对投资效率的研究，一方面，基于证券市场的反馈作用，股价效率的提高将更好地引导企业进行投资，提高企业的投资效率；另一方面，本书将基于卖空事前威慑的治理效应，卖空机制的引入所带来的事前威慑能够抑制企业的过度投资，提高企业的投资效率。因此，本书将利用融资融券制度实施所提供的准自然实验机会，使用双重差分法从以下三个方面进行检验，一是检验卖空机制引入后可能引起的投资水平下降是否是抑制了企业的过度投资行为而产生的。二是检验卖空机制引入后是否提升了投资—成长机会的敏感性，如果卖空机制引入后引起的投资水平下降是有效率的，那么允许被卖空的企业其投资活动将更多地对未来的投资机会作出反应，从而使投资—成长机会的敏感性得以提升。三是检验当期的投资水平是否会提升后期的市场业绩，如果这种投资水平下降是有效率的，那么允许被卖空的企业其投资活动将对后期的市场业绩产生正向影响。

（3）卖空机制的引入、公司价值与经营绩效。首先，探索与检验卖空机制引入对公司价值的影响。如果卖空机制的引入以及卖空所带来的事前威慑可以起到约束管理者及内部人行为的规制作用，那么有理由认为，卖空机制的引入将通过优化企业的投融资行为而最终对公司价值产生影响。但对于这个问题，一方面，尽管卖空机制的引入通过卖空者的潜在卖空交易而给证券市场注入企业的负面信息从而提高市场的定价效率，但这个过程可能会通过矫正高估的定价而对公司价值在短期内产生负面的影响；另一方面，从卖空机制的治理效应出发，卖空机制的引入使潜在卖空者能更好地挖掘和披露公司的负面信息、识别管理者及内部人的隐藏信息，并使管理者或内部人面临因企业股价下跌而引起的自身财富或者职位安全受到伤害的威胁，由此，卖空机制的引入可以起到有效监督管理者或内部人行为、减轻代理冲突的作用，促使管理者或内部人减少过度投资、合理化投资水平，并进而在长期内可以对公司价值产生正向影响。因此，我们仍以融资融券制度实施这个准自然实验为研究对象，使用双重差分法检验对卖空机制的引入对于公司价值的影响进行检验。

其次，与前面关于融资行为的研究相同，控制住企业内部治理水平等反映传统治理结构的影响，探索与检验卖空机制引入后企业的内部治理水平是否会影响公司价值对卖空机制引入的敏感性，从而验证作为一种治理机制的卖空机制的引入能否交互地起到规制企业投融资行为，提升公司价值的功能。

最后，为了进一步就卖空机制的引入对公司价值的影响及其作用路径进行深入的探讨和检验，我们借鉴方等（Fang et al.，2009）的研究方法，将公司价值方程进行分解并分别进行检验，探讨卖空机制的引入对于公司价值的提升是否主要体现在提高企业未来的经营业绩上。从而通过对该预期的检验，为卖空机制的引入是否有助于改善我国实体经济的资源配置提供直接的检验证据。

五、研究安排

绪论部分首先分析了本书的选题背景，提出了所研究的问题和研究的意义；其次阐述了本书的研究框架和研究方法；最后介绍了本书的创新之处。

第 1 章为卖空机制制度背景分析。本章首先对卖空的基本定义、主要功能以及国外卖空交易制度的发展和世界主要国家的卖空交易模式进行了回顾；其次针对中国卖空机制的发展历程尤其是个股卖空机制的引入——融资融券制度的发展历程进行了介绍；最后对于我国融资融券制度的发展现状进行了讨论。

第 2 章为文献回顾和评论。本章首先对卖空机制对于资本市场和企业财务行为的影响这两方面的研究进行了归纳，从信息传递、价格发现、市场流动性和波动性的角度总结了国外学者有关卖空机制引入对于资本市场影响的研究；其次从企业的盈余管理、信息披露、投资决策、内部治理、现金持有等方面总结了国外学者关于卖空机制的引入对于企业财务行为影响的研究，并对国内学者有关卖空机制的研究进行了文献回顾和梳理；最后对与本书研究相关的其他企业投融资理论进行了文献回顾和评论，包括企业的资本结构和融资偏好、股价与企业投资决策的研究等。

第 3 章为卖空的事前威慑、公司治理与企业融资行为研究。从卖空的事前威慑角度出发，探讨我国卖空机制的引入对企业融资行为及其决策的作用机理，并基于我国证券市场实施融资融券制度所带来的准自然实验，采用双重差分模型，检验了卖空机制的引入对于企业对外权益和债务融资以及资本结构的影响。

第 4 章为卖空机制的引入、企业投资行为与资源配置效率研究。从基于卖空的证券市场反馈作用出发，探讨我国卖空机制的引入对于企业投资水平和资源配置效率的影响程度与作用机理，并基于我国证券市场实施融资融券制度所带来的准自然实验，采用双重差分模型，检验了卖空机制的引入对于企业投资水平、投资—成长机会敏感性、过度投资，以及未来市场业绩的影响。

第 5 章为卖空机制的引入、公司价值与经营绩效研究。首先结合卖空机制的引入对于企业投融资行为的影响路径和作用机理，探讨卖空机制的引入是否通过优化企业的投融资行为而最终对公司价值产生了影响；其次就卖空机制的引入对公司价值影响的作用路径进行了深入的研究。

第 6 章为全书的结论，主要对以上研究内容进行总结和讨论，归纳了本书的研究结论，分析了本书的研究局限以及未来的研究方向。

本书的结构与章节安排如图 0 - 2 所示。

六、研究方法

本书在选取研究方法时，根据我国卖空机制的实施现状，我国卖空机制的引入可以看作外部证券市场实施的准自然实验，但融资融券标的的选择并非随机，而是有一定的选取标准，而且实际卖空量——融券余额较小，直接利用融券余额来衡量卖空威慑在实证上存在困难。所以本书在从卖空的事前威慑视角检验卖空机制的引入对于企业投融资行为和资源配置的影响时，主要利用融资融券制度推行所带来的准自然实验来进行检验，选取截至 2014 年被选为融资融券的企业作为处理组，同时为了减少政策选择偏差和企业特征差异，选取满足融资融券标的选取规则且同一行业中资产规模最为接近的非

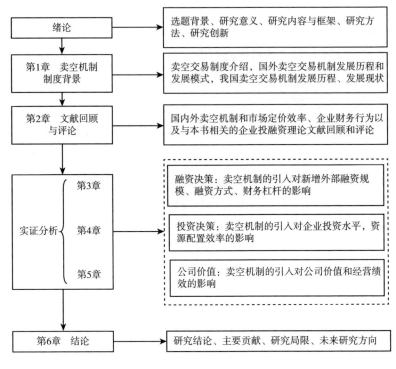

图 0 - 2　本书结构安排

融资融券标的企业作为控制组，采用的基本实证统计方法是双重差分法，而且根据不同实证模型的需要还涉及的计量方法包括：面板数据混合估计方法、固定效应估计方法、二值选择模型估计方法等。

七、可能的创新之处

本书的研究创新主要体现在以下三个方面。

第一，依据中国证券市场卖空机制引入时间较短，融券卖空交易还存在诸多限制，实际卖空交易量与西方成熟资本市场存在较大差距的现实背景，不同于国外学者有关卖空机制对于企业财务行为的研究，从卖空的事前威慑角度出发对中国证券市场卖空机制的引入这一里程碑事件进行了深入探讨，研究了其对企业投融资行为的规制作用，发现卖空机制引入后，通过潜在的卖空者挖掘和传递负面信息可能会带来股价下跌的压力，从而威胁企业价值以及管理者的自身财富和工作安全，所以企业及其内部人不得不对这种卖空带来的治理效应作出事前的反应，约束其采取不良投融资行为的冲动。卖空的事前威慑不仅影响了企业的融资行为，还影响了企业的投资行为，最终影响了公司价值。尽管我国卖空机制引入时间较短，融券卖空交易还存在诸多限制，实际卖空交易量与西方成熟资本市场存在较大差距，但这种卖空的事前威慑已对我国企业的财务行为起到了治理作用，且优化了企业的资源配置效率。因此，不同于国外卖空机制的制度背景，本书是基于中国的卖空机制制度背景和实施现状，从卖空的事前威慑视角出发，讨论的是"中国的故事"。

第二，在卖空机制的引入对于企业财务行为的研究中，国内学者关于企业重要的且与资本市场密切相关的融资行为尚未涉足，国外学者也仅仅关注卖空机制对于企业融资成本的影响，对外部融资的问题有所涉及但尚不全面。本书针对卖空机制对于企业融资行为的作用机理以及对外部融资的决策、融资方式的选择和资本结构的决定等影响作出了全面的研究和检验，是对卖空机制对于企业融资行为相关研究的有益补充。且与国外的研究中卖空机制主要影响企业权益资本成本，减少企业对外权益融资（Grullon et al.，2015）的研究结论有所不同。本书研究发现，我国卖空机制的引入除了影响企业权益资本成本外还会影响债务资本成本，而且由于我国企业大部分债务融资是银行借贷，借贷市场的流动性远小于权益市场，因此，我国借贷市场上的债权人对卖空机制的引入更加敏感，卖空机制引入使企业债务资本成本上升幅度大于权益资本的上升幅度，相应的债务融资减少的程度超过权益融资的减少程度。不仅如此，本书研究还发现，卖空机制的引入还通过弥补我国企业传统内部治理水平的不足对企业的融资行为起到规制作用。以上研究新发现不仅有助于弥补卖空机制对于企业融资行为影响的实证研究，还有助于丰富公司治理的理论与应用研究。

第三，在探讨卖空机制的引入对于企业财务行为的作用路径时，国内学者更多的是从卖空的事前威慑的治理效应出发，讨论卖空机制引入对于企业投资行为的规制作用（靳庆鲁等，2015；权小锋和尹洪英，2017），忽略了卖空机制所带来的事前威慑还为证券市场注入有关企业价值的（负面）私人信息并由此矫正高估的股价，提高证券市场的定价效率来反向地影响企业的投资行为的作用路径。本书则从卖空机制引入这一证券市场的外生冲击出发，基于卖空的市场交易尤其是基于具有信息优势的短期交易者（卖空者）的潜在交易来探讨其对企业投资行为作用机理与后果，发现卖空机制的引入使卖空者所了解的企业负面信息得以表达，从而为股票市场提供了一种新的价格发现机制，提高了股票市场的定价效率，矫正了高估的股价，提高了股价中的信息含量。股价的信息含量提高，有助于管理者从股价中更好地了解外界投资者拥有但自己却不知道的企业相关的负面信息，作出更加合理的投资决策。本书从证券市场的反馈作用视角进行了检验，研究发现卖空机制引入后，企业的投资水平下降，但提高了企业的投资—成长机会的敏感性，减少了企业的过度投资，提高了企业未来的股票累计收益率。这说明，卖空机制的引入提高了股价的定价效率，更有效率的股价带来企业投资水平的下降更多的是因为减少了企业的过度投资，这反而提高了实体经济的资源配置效率。以上研究，既是对卖空机制对于企业投资行为作用机理和影响路径的有益补充，也有助于丰富证券市场对企业投资行为的反馈作用研究。

第1章　卖空机制制度背景

融资融券制度的实施是我国首次引入卖空机制，此前许多人对卖空机制并不熟悉，所以我们在这一章中，首先给出卖空机制相关的制度背景，包括卖空的定义和分类，世界上主要的卖空交易模式，以及国际卖空交易制度的发展历程；其次对我国的卖空交易制度的发展进行了梳理，以帮助读者了解与本书研究相关的制度背景，熟悉卖空基础交易制度。

1.1　卖空交易制度介绍

1.1.1　卖空的定义和分类

卖空（short selling）又称为融券卖空，按照美国证券交易委员会（SEC）的相关规定，卖空交易是指投资者出售自己并不拥有的证券行为，或者投资者用自己的账户以借来的证券完成交割的任何出售行为。具体来讲，卖空交易是指投资者对某种证券价格看跌但并没有持有这个证券时，从金融机构手中借入该证券卖空，等证券价格下跌时再买进股票归还金融机构，从而赚取中间差价获利的交易行为。融券卖空与买多也即证券融资相对应，本质上都属于信用交易。

随着金融市场的发展，卖空交易方式也日趋多样化，按照投资者是否持有证券可将卖空交易分为"持有卖空"和"一般卖空"。持有卖空是指卖空者持有该证券，但在卖空时并不使用自己持有的证券进行交割，而是借券来进行卖空；一般卖空则是指卖空者并不拥有该证券，通过借券来完成交割，多数卖空交易都属于一般卖空。其中，在一般卖空中，又根据卖空时投资者是否已经作出交割安排分为"交割保障卖空"和"裸卖空"。交割保障卖空，是"借券在先，卖券在后"的交易模式，是指投资者在卖空股票前已经有足额证券在股票市场，具有按时交割证券的能力；裸卖空，又称无交割保障卖空，是"卖券在先，借券在后"的交易模式，是指投资者事先没有在市场上借入证券直接卖空的行为，即直接在市场上卖出不存在的证券，在股价下跌时再买回进行交割获利。裸卖空会造成证券数量的虚增，可能会影响股价造成市场投资者的恐慌，而且由于交割没有保障往往会导致交割失败，所以多数实施卖空的国家或地区均采取交割保障卖空的方式，中国 A 股市场在推出融资融券制度时为了维护卖空交易的稳定运行和证券市场的平稳发展，禁止裸卖空。裸卖空只有在少数经济发达的证券市场才被允许，还必须在一定的限制条件下，例如美国①、新加坡等。

除了现货市场的融券卖空机制，在期货市场也可以利用股指期货进行做空。股指期货，是指以股票市场价格指数作为标的物的标准化期货合约，在未来某个特定日期，交易双方按照事先约定的价格进行买卖。股指期货作为金融期货交易的一种类型，投资者既可以做空又可以做多，具有双向交易机制，做空机制更加灵活，交易成本更低。现货融券卖空和股指期货做空均属于做空机制，两者互为补充。这是因为，一方面如果没有股票现货市场的融券卖空，就难以实现股指期货完整的套期保值功能；另一方面股指期货的推出也有利于推动融券业务的发展，特别对于机构投资者而言，如果没有股指期货进行风险对冲，进行大量的融券卖空业务面临着极大的风险。

虽然现货市场的股票卖空与期货市场的做空均属于做空机制，但股指期货主要是在期货市场上对股票指数进行做空，而股票现货市场上的融券卖空可以针对个股进行直接卖空。因此，融券卖空机制可以说是我国证券市场上

---

① 根据美国 2004 年制定的法案，裸卖空主要目的应该是创造市场中的流动性，而以打压股价为目的裸卖空是违法的。但在 2008 年金融危机中，裸卖空交易受到严厉指责，美国证券交易委员会于 2009 年出台禁止无券卖空令，永久禁止股市"裸卖空"操作。

首次真正地引入个股卖空机制，这将对上市公司个股造成巨大影响，研究其对上市公司投融资行为以及资源配置具有重要的理论和现实意义。基于此，本书的研究对象主要是股票现货市场上的个股融券卖空机制，而不包括期货市场的做空机制。

1.1.2 卖空的主要功能

随着资本市场的发展，卖空交易制度已经成为现代成熟资本市场的一项基本交易制度，世界上主要国家（地区）证券市场都建立了卖空交易制度，各国证券市场监管机构已经普遍认识到卖空机制具有以下的积极作用。

一是增加证券市场的流动性。如果没有卖空机制，那么证券市场上的投资者只能买涨不能买跌，当股票价格下跌时投资者只能离场观望，交易很可能越来越不活跃，导致市场缺乏流动性。而卖空机制的推出使股票下跌时投资者也可以卖空获利，这样就会在市场下跌时仍然可以吸引大批场外资金入场。而且卖空机制引入后，卖空者对于可卖空的股票有需求，其他持有股票的投资者可以出借证券增加供给，满足卖空者需求。这样，既可以在证券市场下跌时增加交易，又可以创造可卖空股票的供给和需求，从而能够增加市场交易量，活跃证券市场，提高市场流动性。

二是提供有效的价格发现机制。当市场存在卖空限制、投资者之间存在异质信念时，悲观的投资者难以进入市场表达负面信息和观点，其所拥有的负面信息无法反映到股价中，从而使股价被高估。引入卖空机制后，卖空投资者会通过研究企业的财务信息挖掘公司股票的内在价值来寻求卖空的机会，在此过程中将不断地揭示企业新的负面信息，然后通过卖空交易使卖空者所了解的企业负面信息得以表达，加快了股价对投资者所拥有的私人信息的调整速度，使股价能够更好地反映企业的真实价值，从而为股票市场提供了一种新的价格发现机制，提高股票市场的定价效率。因此，引入卖空机制能进一步完善证券市场的价格发现机制。

三是有利于稳定市场。在存在卖空约束时，如果乐观投资者通过恶意炒作激发投资者情绪使公司股价偏离其基本价值，此时市场由于无法进行卖空交易，整个市场处于只能买涨不能买跌的单边市状态，投资者只能通过买涨获利，此时股价很容易出现暴涨现象。而随着时间的推移，风险的暴露，股市泡沫一旦破裂，将可能出现暴跌现象，使证券市场出现巨幅震荡。引入卖空机制后，当股价被高估时，理性的投资者会意识到股价被高估，未来某一时刻股价将会下跌，那么他们将会卖空这些股价被高估的股票，通过卖空交易向证券市场传递出有关企业的负面信息，其他投资者会关注卖空交易所揭示的企业负面信息，然后及时认识到股价中的泡沫，重新调整投资策略，使股票价格回归理性。而且理性的投资者的卖空行为还会增加这些股票的潜在供给，满足股价上涨时其他投资者的买入需求，从而缓解股票供不应求的局面，抑制股价泡沫的继续生成。当股价被高估的股票价格下跌时，卖空投资者又会买入这些股票进行交割，由此会增加这些股票的需求。因此，通过卖空交易可以改变证券市场可卖空股票的供给和需求，使股价及时回到真实的价值水平，从而起到稳定市场的效果。

四是完善市场套期保值功能。当投资者持有某种证券或其衍生品时，为了对冲证券价格波动所带来的损失风险，会进行套期保值，建立反向头寸卖空该种证券，这样证券价格的波动都不会给投资者带来损失，可以起到套期保值的作用。因此，卖空交易机制可以完善市场的套期保值功能，而这种功能尤其是对于发展证券衍生品市场至关重要。例如，对股指期货来说，如果无法在现货市场对相关股票进行卖空，那么就只能进行买进股票卖空股指期货的单向套期保值操作，而不能进行卖空股票买多股指期货的反向套利操作，这种单向交易将会影响股指期货市场的交易活跃度和市场定价效率。

可见，正如国际证监会组织给出的解释，卖空交易机制不仅可以提高证券市场的流动性，减少市场泡沫，还可以提高证券市场的定价效率并有利于投资者更好地进行风险管理。因此，卖空交易机制的引入使资本市场的交易机制更为健全，对资本市场的健康发展有着至关重要的作用。

1.2　国际卖空交易制度的发展

1.2.1　卖空交易制度的发展历程

在发达国家的资本市场发展历史中，卖空交易早已有之。据记载，世界上最早的一笔有记录的卖空交易出现于 17 世纪的荷兰，当时一批荷兰贸易商卖出比自己持有量还要多的荷兰东印度公司的股票，这就是现代意义上的卖空，随后东印度公司股价大跌，这批贸易商被认为是投机者，人们纷纷要求严惩他们。于是 1610 年在阿姆斯特丹交易所出台了世界上第一部反卖空法案，但荷兰证券市场上的卖空行为并没有因为法案的限制而销声匿迹，相反大量的卖空还加速了随后的"郁金香泡沫"的破裂。

正是看到"郁金香泡沫"破裂中卖空行为的推波助澜作用，卖空者一直被认为是投机者，所以直到 18 世纪中期英国都禁止卖空。然而从 19 世纪晚期开始，伦敦股票交易所出现越来越多的债券卖空活动，许多债券投资者通过卖空债券然后买入债券的方式来逃避利息税，这种以避税为目的的债券卖空行动极大地刺激了英国证券市场卖空交易的发展。20 世纪 60 年代，随着英国监管当局进一步放松卖空限制，伦敦金融市场也开始出现了股票的卖空行动。

而美国的卖空交易则出现在 19 世纪中期，但更多的是在私有证券市场进行卖空。到了 20 世纪初，随着美国经济的发展，私有证券市场卖空交易的规模逐渐扩大。但此时的卖空交易由于是在投资者和经纪商之间直接进行交易，运作不规范，没有保障，所以往往夹杂着欺诈、纠纷和毁约，因此，卖空交易受到了各种非议和否定，长期被视为投机或操纵证券市场价格的行为。1934 年，美国国会通过了著名的《1934 年证券交易法》，旨在规范证券市场行为，但只是对卖空行为进行了规范，并不禁止卖空，卖空交易仍然合法。随后为了加强信用交易的监管，成立了美国证券交易委员会，颁布了一系列监管条例，对信用交易进行严格的管理，初步形成了卖空交易规范的体制框架。

随着金融市场的不断完善和投资者认识的不断提高，尤其是在 20 世纪 60 年代，美国经济高速发展使证券市场上的投资者热情高涨，卖空交易规模也不断增加，并逐渐发展成为由大量机构服务的专业化市场。到了 20 世纪 80 年代中期，美国证券市场上的卖空交易已经完全制度化，大部分机构投资者都参与了卖空交易，卖空交易制度逐渐得到市场各方的认同。随后近 20 年，以美国为代表的各国监管机构在允许卖空交易的基础上，都在努力规范卖空交易相关制度，不断地强化监管手段、完善监管技术，从法律和市场两个方面引导卖空交易机制的发展。

但随着 2008 年美国次贷危机的爆发，金融海啸席卷全球。自金融危机爆发以来，卖空再次引起广泛争议，出于控制风险的考虑，欧美国家纷纷出台一系列紧急法案限制或禁止卖空。2008 年 7 月 15 日，美国证监会要求杜绝对 19 家主要金融机构的股票进行"裸卖空"；2009 年 9 月 18 日，美国证监会宣布永久地禁止"裸卖空"。随后，英国、法国、德国等也纷纷推出相关措施禁止或限制"裸卖空"，限制对金融类股票进行卖空。在后危机时代，各国监管机构又重新开始对各自的卖空制度进行审视，检讨和改革自身的卖空监管制度的不足。

目前，世界上大多数主要国家都引入了卖空交易机制，尤其是成熟国家资本市场和重要新兴市场都引入了卖空制度，卖空制度已成为普遍实施的一项基本交易制度。我国于 2010 年 3 月 31 日正式启动融资融券交易试点，这意味着我国证券市场卖空机制的正式引入。回顾卖空制度的发展历程过，可以说，卖空交易是经历了"早期的禁止到认同阶段，中期的争议到制度化阶段，后危机时代的重新审视阶段"的历史演进脉络（周斌等，2010；陈晗和王霖牧，2012）。

1.2.2　世界主要的卖空交易模式

从卖空的定义可以看出，卖空机制的核心在于所借证券的来源。按照关于借券是否存在专门的信用融通机构，目前主要国家或地区的证券市场的卖空交易模式可以分为三类：以美国证券市场为代表的分散授信模式；以日本证券市场为代表的"单轨制"集中授信模式；以韩国和中国台湾地区的证券市场为代表的"双轨制"集中授信模式。

分散授信模式，顾名思义是指没有专门的制度化的集中授信机构，投资者可以向证券公司申请融券，由证券公司直接对其提供信用。当证券公司资金不足时可向商业银行等金融机构拆借，证券不足时可以通过证券借贷市场向场外大量分散的金融投资机构借券。在这种模式下，市场监管机构只是对运行的规则作出统一的制度安排并监督执行。分散授信模式属于典型的市场化模式，广泛存在于西方高度发达的金融市场，以美国为典型代表。这是因为美国的证券市场初期是由私有证券市场发展而来，存在数量众多的长期投资公司、保险基金、养老基金等、院校投资基金等长期投资主体，这些长期投资主体可通过出借证券获得稳定的收益，所以投资者的借券渠道十分多样。因此，对于分散授信模式下的证券市场上的卖空交易，可以说几乎是全面开放的。分散授信模式具体如图1-1所示。

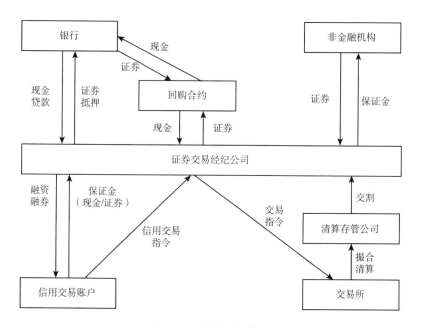

图1-1 分散授信模式

资料来源：深圳证券交易所2004年研究报告《我国开展证券融资融券交易问题研究》。

　　单轨制集中授信模式，则是指证券金融公司成为整个信用交易体系中的证券和资金中转枢纽，对证券公司提供转融通服务，然后证券公司直接对投资者提供信用的交易模式。在这种模式下，一般投资者的融券需求仍然由证券公司满足，但当证券公司出现证券不足的问题时，不能够直接从保险、基金、信托等机构投资者那里获得卖空交易所需要的证券，而必须通过证券金融公司来统一进行。目前，日本证券市场采用的是典型的单轨制集中授信模式，这是因为在二战前日本的信用交易中证券公司的转融通主要依靠银行解决，日本现代化的金融和证券市场制度体系是在二战后确立的，所以日本证券市场在推出融券卖空交易时，沿袭日本金融体系上的主银行制度，实行了以证券金融公司为主的专业化授信模式。单轨制集中授信模式如图 1 - 2 所示。

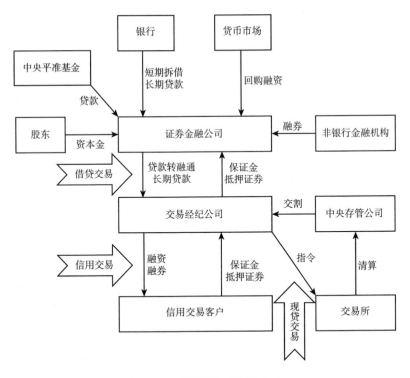

图 1 - 2　单轨制集中授信模式

资料来源：深圳证券交易所 2004 年研究报告《我国开展证券融资融券交易问题研究》。

　　双轨制授信模式，是在推行单轨制集中授信模式的基础上吸收了分散授信模式的优点。在这种模式下，一方面同单轨制集中授信模式一样，证券公司可通过证券金融公司借券；另一方面部分证券公司拥有直接转融券的许可证，各证券公司也可办理证券借贷业务，两种渠道共存融合，因而称为"双轨制"。韩国最早在吸收日本经验的基础上形成了自己的特色，一方面根据自身证券市场的发展程度，采取集中授信的形式，方便市场监管和调控；另一方面又吸收分散授信模式下市场充分竞争的特点，允许部分证券公司直接进行转融券业务，建立了"双轨制"集中授信模式。2006年中国台湾地区正式允许卖空后，也采用了双轨制集中授信模式，具体模式如图1-3所示。

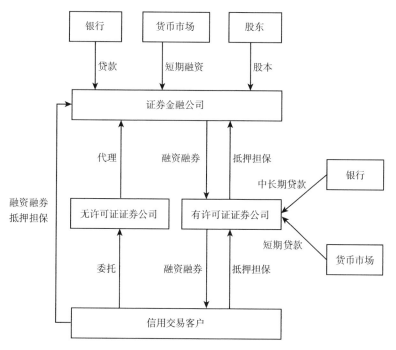

图1-3　双轨制集中授信模式

资料来源：深圳证券交易所2004年研究报告《我国开展证券融资融券交易问题研究》。

　　上述三种卖空交易模式各有特点，但也各有利弊。分散授信模式适用于资本市场发展成熟、市场化程度高的证券市场，各借券主体之间存在相互竞争，出借券源作简单，投资者可以自由地选择借券主体来进行借券操作，但在这种情况下证券市场卖空交易的监管较难，需要市场中的各参与主体都具有较高的风险控制能力才能保证卖空交易的平稳运行。而集中授信模式则方便政府统一监管，而且有利于隔离货币市场和资本市场之间的风险传染，但投资者借券的流程更为复杂。我国在推出融资融券制度时，根据我国证券市场的发展现状，为了加强监管，控制市场风险，采取了单轨制集中授信模式，2011年10月19日正式成立了中国证券金融股份有限公司，由中国证券金融股份有限公司向证券公司集中提供转融通服务。

1.3 我国卖空交易制度的发展

1.3.1 我国融资融券业务的发展历程

中国证券市场作为新兴证券市场，相对于成熟资本市场起步较晚，自1990年和1991年沪深证券交易所正式开业以来，证券市场规模不断扩大，市场交易机制日益完善。但因我国证券市场仍属于新兴市场，发展还不成熟，长期以来卖空交易一直不被允许。随着我国证券市场的不断发展，市场规模的快速增长，缺乏卖空机制导致我国证券市场一直以来处于"单边市"状态，投资者只能买涨不能买跌，盈利方式单一，市场风险无法对冲，对于证券市场的进一步发展的约束作用越来越明显。在证券市场引入卖空机制已经迫在眉睫，这不仅是加强我国资本市场基础性制度建设，完善市场功能的内在要求，也是促进资本市场健康稳定发展的重要举措。2005年10月27日，十届全国人大常委会第十八次会议审定通过新修订的《证券法》，允许证券公司为客户买卖证券提供融资融券服务，这为我国证券市场开展融资融券业务奠定了法律基础。至此，我国证券市场开展融资融券业务引入卖空机制开始提上日程，进入准备阶段。2010年1月8日，国务院原则上同意开展证券公司融资融券业务试点和推出股指期货品种。2010年3月31日，中国证监会推出证券公司融资融券业务试点；4月16日，推出中国内地首个金融期货品种沪深300股票指数期货合约，但该股指期货仅仅针对沪深300指数。股指期货的推出可以说拉开了我国证券市场的做空序幕，而融资融券的推出则可称为中国 A 股市场卖空机制的正式建立。至此，融资融券制度的正式推出，个股卖空机制的引入，使我国证券市场不仅可以做多还可以做空，中国股市正式告别了"单边市"状态。回顾我国融资融券业务的发展历程，主要经历了六个阶段。

第一阶段：法律准备阶段。在 2005 年《证券法》修订之前，国内 A 股市场上的股票交易必须是现货交易，不能采用信用交易或期货交易的形式。2005 年 10 月 27 日，十届全国人大常委会第十八次会议审定通过新修订的《证券法》，规定证券公司可以为客户买卖证券提供融资融券服务，这就为融资融券的信用交易和股指期货交易的推出提供了法律基础。2006 年 6 月 30 日，证监会颁布《证券公司融资融券业务试点管理办法》和《证券公司融资融券业务试点内部控制指引》。2006 年 8 月 29 日，中国证券登记结算公司发布《中国证券登记结算有限责任公司融资融券试点登记结算业务实施细则》，沪深交易所发布《融资融券交易试点实施细则》。2006 年 9 月 5 日，中国证券业协会制定并公布了《融资融券合同必备条款》和《融资融券交易风险揭示书必备条款》。2008 年 4 月 25 日，国务院正式出台了《证券公司监督管理条例》和《证券公司风险处置条例》。这一系列法律规则和条款对融资融券业务作出了原则性的规定。至此，我国融资融券业务的法律框架初步构建。

第二阶段：试点启动阶段。随着相关法律制度的完善，融券卖空制度的推出已万事俱备。2010 年 1 月 8 日，国务院原则上同意开展证券公司融资融券业务试点，这标志着融资融券业务进入了实质性的启动阶段。随后，2010 年 3 月沪深交易所分别发布《融资融券交易试点会员业务指南》等文件，就融资融券业务开展的模式、交易流程、保证金比例、信息披露、风险监控等业务规则做了相关规定。2010 年 3 月 19 日，中国证监会按照"试点先行，逐步推开"的原则，择优选取 6 家证券公司进入首批试点，规定证券公司必须开通融券专用账户来开展融券业务。2010 年 3 月 31 日，融资融券业务试点正式启动，首批试点标的股票共 90 只，由深成指数成分股和上证 50 组成，至此，中国证券市场的融资融券交易正式进入市场操作阶段。在试点初期除了对试点证券公司和标的股票作出规定外，还对融资融券业务的投资者门槛进行了要求，在证券公司开户时间大于 18 个月、账户资产总额高于 50 万元的投资者才能申请开展融资融券交易。可见，在融资融券试点阶段，为了稳步推行、控制市场风险，我国在选取融资融券标的时，选取流通市值大、流通性好的大盘股，而且设置了较高的"两融"门槛。

第三阶段：正式转入常规阶段。随着融资融券业务试点的逐步发展，监管部门认真分析并总结了当前融资融券业务试点初期的实施情况，2011年10月26日修改了《证券公司融资融券业务试点管理办法》，优化了融资融券业务中的部分行政许可程序，降低了证券公司和投资者申请融资融券业务资格的门槛。同时着手启动转融通业务，并于同日发布《转融通业务监督管理试行办法》。2011年10月28日，经国务院同意，正式成立中国证券金融股份有限公司，负责为证券公司提供转融通服务。2011年11月25日，上海证券交易所和深圳证券交易所发布修订的《融资融券交易实施细则》，将融资融券业务纳入证券公司常规业务，并对融资融券标的进行了扩容。至此，融资融券业务由试点转为常规。

第四阶段：逐步扩容、高速增长阶段。随后，伴随着融资融券业务的逐步成熟，融资融券的标的范围也逐步扩容。根据沪深交易所有关融资融券交易规定，2011年12月5日，沪深两市融资融券标的进行第一次扩容，由试点的90只标的扩容至285只，其中，包括278只股票和7只ETF；2013年1月31日，沪深两市融资融券标的股票进行第二次扩容，由278只股票增至500只股票，其中，有6只创业板股票首次成为融资融券标的；2013年9月16日，融资融券标的进行第三次扩容，由500只股票扩容至700只，共有206只股票新增进入两融范围；2014年9月22日，融资融券标的进行第四次扩容，标的股票由700只增加至900只。同时，除了融资融券标的扩容外，两融业务门槛标准也不断降低，投资者从最初的开户资金门槛不得低于50万元逐步降低为10万元、5万元，投资者参与融资融券业务的约束不断放松。自2014年8月以来，两融业务开始呈几何式增长，2014年12月19日首次突破万亿元规模。2015年为了进一步促进融券业务的发展，中国证券业协会等四个机构于4月17日联合发布《关于促进融券业务发展有关事项的通知》，支持公募基金、证券公司资产管理计划等专业机构投资者参与融券交易和转融券出借，增加融券券源的供给和需求。

第五阶段：波动时期，加强监管阶段。中国股市从 2014 年 9 月开始启动，到 2015 年 6 月在短短的 8 个月内上证指数从 2000 多点攀升至 5000 多点。但随后在 2015 年 6 月 15 日上证指数从高位 5178 点急转直下大跌 103 点，至 7 月 8 日短短 17 个交易日暴跌至 3373 点，跌幅达 32.11%，造成中国股票市场有史以来最严重的一次波动。一时之间，融资融券成为众矢之的，又一次引发人们对融资融券尤其是首次引入的融券卖空交易的广泛争议，随后证监会为了平抑市场波动，稳定证券市场，重新采取一系列的紧急措施对融资融券交易进行监管。2015 年 7 月 1 日，沪深交易所发布新修订的《融资融券交易实施细则》，其中对融资融券交易细则进行了重新修订，该次修订是自 2010 年融资融券业务启动以来对交易规则进行的最重大的一次调整，在新政中规定重新明确了投资者参与"两融"交易的门槛，明确指出"最近 20 个交易日日均证券类资产不低于 50 万元"等要求。随后在 2015 年 8 月 3 日，又紧急修改将融资融券交易规则由 T + 0 改为 T + 1；2015 年 11 月 13 日，沪深交易所又修改《融资融券交易实施细则》，规定将投资者融资买入证券的保证金最低比例由 50% 提高至 100%，提高保证金比例；2016 年 12 月 2 日，沪深交易所又同时修改两交易所《融资融券交易实施细则》，将部分可充抵保证金证券折算率调整为 0，进一步加强对融资融券业务的风险管理。

第六阶段：调整时期，吸取教训继续发展。2015 年股市波动时，融资融券机制尤其是卖空机制虽然饱受质疑，但在此之后，吸取经验教训经过规则调整后，监管层继续完善资本市场基础制度，扩容融资融券标。2016 年 12 月 12 日，两融标的第 5 次扩容，标的增加到 950 只。2019 年 8 月 19 日沪深交易所对两融标的进行第 6 次扩容，沪深两市两融标的股票由 950 只扩大至 1600 只，同时取消最低维持担保比例，扩容后两融标的数目约占 A 股市场股票总数的 1/2，市场融资融券标的市值占总市值比重达到 80% 以上，融资融券机制得以进一步完善。随着两融标的扩容，市场信心提振，两融余额也迅速攀升，自 2016 年 1 月以来经过 22 个月后"两融"余额在 2019 年 12 月再次超过 10000 亿元。2019 年科创板的推出，迈出了中国资本市场改革的重要一步。科创板以市场化为导向，实施以信息披露为核心的注册制，在发行上市、信息披露、交易、退市等基础制度上都进行了改革创新。其中，对于融资融券制度也进行了优化，扩大融资融券标的规模、增加市场券源供给、优化转融券交易机制等。

自 2010 年 3 月 31 日我国融资融券交易试点正式启动以来，经历了 2010~2011 年试点启动的萌芽期，2011~2013 年正式转入常规、首轮增长期，2014年的逐步扩容、高速增长期，2015 年至今的增长减速期以及 2016 年以后的再次发展期。监管层对待融资融券的态度也经历了"由禁止转为引入、逐步放松约束到重新加强监管、继续发展"的过程，在这个过程中，融资融券业务规则也不断修订，业务也经历起起伏伏。但总的来说，融资融券机制作为证券市场不可或缺的基础交易机制，即使经历了波折，但监管层仍是积极推进优化该机制，不断推进融资融券制度，深化资本市场制度改革。其中，我国融资融券业务相关的法律法规、管理办法和公告等详见书后附录。

1.3.2 我国融资融券业务的发展现状

我国融资融券业务自 2010 年 3 月 31 日正式启动，截至目前已经过 12 年的发展。在这 12 年中，融资融券业务交易规模迅速增长，融资融券标的逐步扩容，证券公司和客户参与人数也不断增加。可以说，我国证券市场融资融券业务的推出，不仅初步满足了市场上的投资者通过信用交易方式进行投资的市场需求，更是丰富了资本市场的功能，完善了我国资本市场基础性的交易制度，推动了我国证券市场的改革发展。本节将从标的证券、交易规模、投资者人数三个角度，来简单地介绍目前我国融资融券交易的发展现状。

对于融资融券标的来讲，自融资融券制度开展以来，我国按照"试点先行，逐步推行"的原则，融资融券标的逐步扩容。其中，当融资融券标的不满足条件时会被暂时调出标的名单，满足条件时再被重新纳入标的名单，所以融资融券标的截至目前经历过多次调整，其中较为重要的为以下六次调整：分别为 2010 年 3 月 31 日首批试点、2011 年 12 月 5 日第一次扩容、2013 年 1月 31 日第二次扩容、2013 年 9 月 16 日第三次扩容、2014 年 9 月 22 日第四次扩容、2016 年 12 月 12 日第五次扩容以及 2019 年 8 月 19 日的第六次扩容。

融资融券标的调整情况如表 1−1 所示。

表 1−1　　　　　　　　　　融资融券标的证券　　　　　　　　　单位：家

项目	融资融券标的总数	沪市	深市	其中：创业板
首批试点（2010 年 3 月 31 日）	90	50	40	0
第一次扩容（2011 年 12 月 5 日）	278	180	98	0
第二次扩容（2013 年 1 月 31 日）	500	300	200	6
第三次扩容（2013 年 9 月 16 日）	700	400	300	34
第四次扩容（2014 年 9 月 22 日）	900	500	400	57
第五次扩容（2016 年 12 月 12 日）	950	525	425	58
第六次扩容（2019 年 8 月 19 日）	1600	800	800	194

资料来源：上海和深圳证券交易所公布的融资融券标的统计。

按照上海和深圳证券交易所《融资融券交易实施细则》中规定的融资融券标的的选取规则，我国主要是根据流通股本、流通市值、股东人数、日均换手率、日均涨跌幅、波动幅度等指标优先选取规模较大、流动性较好的企业作为融资融券标的。所以首批选取了 90 只试点标的，分别由上证 50 包含的 50 只股票和深成指数成分股中的 40 只股票组成；然后逐步扩容，第一次扩容则包括上证 180 指数全部 180 只成分股以及深证 100 指数成分股中除深圳能源和粤电力 A 的 98 只成分股，并引入 7 只 ETF 基金。第二次扩容引入 6 只创业板个股，第三次扩容后，沪深两市的"两融"标的个股占整个市场流通市值的比重分别达 87% 和 59%。首批试点加上之后的六次扩容，目前融资融券标的增加至 1600 家约占整个 A 股的 1/2，市场融资融券标的的市值占总市值比重达到 80% 以上，中小板、创业板股票市值占比大幅提升。

除了标的证券的不断扩容，我国融资融券业务交易规模也迅速增长，根据中国证券金融公司提供的融资融券业务统计数据①，图 1−4 描绘了我国融资融券交易试点自 2010 年 3 月 31 日正式启动以来截至 2020 年底两融交易规模的变化趋势。根据中国证券金融公司提供的融资融券业务统计数据显示，2010～2011 年，融资融券业务正处于试点萌芽期，融资融券余额在 2011 年

---

① 详情可见中国证券金融股份有限公司"市场数据和研究"一栏中的融资融券数据月度统计，http：//www.csf.com.cn/publish/main/1022/1024/1032/index.html。

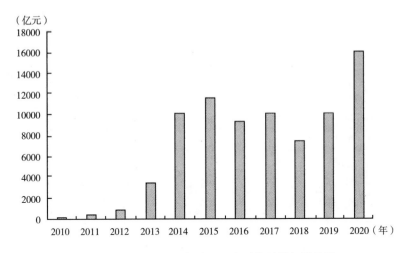

图 1 - 4 2010 ~ 2020 年沪深两市融资融券规模统计

资料来源：上海和深圳证券交易所公布的融资融券交易数据。

末仅为 383 亿元；从 2012 年开始，融资融券业务由试点转入常规后，开始逐渐发展，2012 年末融资融券余额达到 895.30 亿元；2013 年和 2014 年融资融券试点进一步扩容，进入高速发展期，直至 2015 年 5 月融资融券规模高达20800.30 亿元，达到历史最高点；随后由于受股市波动的影响，融资融券业务规模急速下降，两市融资融券余额不足万亿元，2016 年底融资融券余额仅为 9391.11 亿元；股市波动之后，融资融券又开始重新发展，规模重新攀升，2019 年 12 月融资融券余额重新突破万亿元，达到 10192.07 亿元。截至 2020 年 12 月底，融资融券余额达到 16189.68 亿元。

虽然融资融券整体交易规模呈现出股市波动之前快速增长，股市波动期间下跌后又继续增长的态势，但值得注意的是，无论是股市波动前后，我国的融券业务规模远远小于融资业务规模，融资业务和融券业务发展严重不平衡，图 1 - 5 分别描绘了 2010 年 3 月融资融券试点以来截至 2020 年底我国融资业务和融券业务的交易规模。可以看出，尽管融券余额也伴随着融资融券的业务开展有所增长，但与融资业务相差甚远，2015 年之前融券业务规模一直不足百亿元，平均约为融资业务的 0.5% 左右，在 2015 年 4 月达到历史最高点，为 87.56 亿元。2016 年之后，随着融资融券业务的进一步放松，融券余额大幅攀升，截至 2020 年底，融券余额突破千亿元，达到 1369.73 亿元，

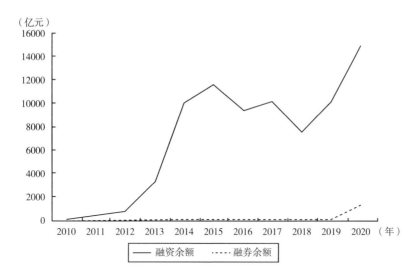

图 1 – 5　2010 ~ 2020 年沪深两市融资和融券规模统计

资料来源：上海和深圳证券交易所公布的融资融券交易数据。

但和同期融资余额 14819.95 亿元相比规模仍然较小。

从投资者数量来看，随着融资融券业务的开展，参与投资者数量也逐步增加，图 1 – 6 描述了我国融资融券业务自 2010 年 3 月开展以来，投资者开立信用账户的情况。2011 年末，投资者开设的信用账户仅为 348610 个，2013 年底达到 2661917 个，2014 年底为 5867191 个，突破 500 万个。同时，可以看出，在 2014 年，新增投资者也是最多达到 70 多万个，2015 年由于股市波动的影响，融资融券业务交易规模的下降，新增投资者数目也显著下降。股市波动后，随着融资融券交易的恢复，投资在这开设的信用账户数又逐步增加。

1.3.3　我国融券业务存在的不足

通过上节中对我国融资融券业务发现现状的分析，我们可以看出，我国融资融券制度推出至今已有十余年，虽然中间历经波折，但整体上融资融券业务规模逐步扩大。但相比发达国家成熟资本市场还存在着不少欠缺，在市场制度、机构化程度、券源出借、卖空成本等方面还存在以下不足。

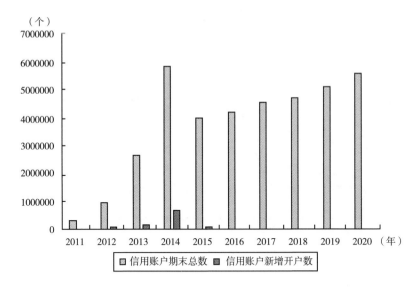

图 1 – 6 2011～2020 年投资者开设信用账户统计

资料来源：中国证券登记结算有限公司公布的投资者开立信用账户数据。

一是由于融资融券标的选取标准造成的卖空需求不足。沪深两市融资融券标的选取规则包括流通股本、流通市值、股东人数、日均换手率、涨跌幅等，主要选取流通市值较大，流动性较好的股票作为标的，而这类股票往往信息披露比较充分，股价下跌风险较小，因此，投资者对其卖空的动力较小。

二是由于出借券源较少造成的卖空供给不足。在融资融券政策实施初期，主要是个人投资者参与融资融券业务，融券来源主要是证券公司自有券源。2015 年 4 月，为促进融资融券业务的协调发展，证监会支持专业机构投资者参与融券交易，鼓励公司大股东、机构投资者通过证金公司转融券出借券源，扩大券源供给。然而在实际业务中，证券公司自营部分券源有限，自营券源标的范围有限，无法覆盖所有融券标的。而转融券则需要从证金公司借券，需要支付资金成本，且存在还款期限设置、期限不匹配等问题，目前证金公司出借券源实行固定期限分为 3 天、7 天、14 天、28 天和 182 天，共 5 个档次，与证券公司借给投资者期限不能完全匹配，因此，转融券业务发展缓慢，券源供给仍然受限。

三是交易费率和交易规则导致融券交易成本较高。通过对广发证券、海通证券等证券公司调研发现，目前证券公司两融业务的平均融资费率为8.6% 左右，平均融券费率为 10.6% 左右。而达沃利奥（D'Avolio，2002）报告显示，美国平均融资费率只有 0.25%，只有约 9% 的股票融资费率会高于1%，即使对于那些费率较高的股票，平均融资费率只有 4.3%。另外，为了防止卖空滥用可能引发的市场风险，我国在融券交易中采用报升规则（up-tick rule）并禁止裸卖空，即投资者必须先借入证券才能进行卖空交易且卖空的价格必须高于最新成交价。上述交易费率和交易规则，导致在实际业务中融券交易成本较高。

四是融券业务运行机制设计不够灵活，机构投资者参与度较低。当前，我国融券业务在实施过程中存在流程环节较多、与发达国家相比市场化程度不够等问题，例如融券期限设置、转融券期限设置等，所以客观上导致长期证券持有者出借证券意愿不强、出借证券规模有限、融券业务发展受制约等问题。而在投资者方面，此前融券业务中投资者为个人客户，机构投资者不能直接参与融券业务，也无法向证券金融公司出借所持有的证券参与转融券业务。直至 2015 年 4 月 17 日，中国证券业协会、中国证券投资基金业协会、上海证券交易所和深圳证券交易所四家单位联合发文允许专业机构投资者参与融券业务和转融券出借，但该项工作推进缓慢，且在系统开发、业务制度方面仍然存在缺陷，制约了机构投资者的积极参与融券业务。

五是由于交易风险和交易习惯导致投资者更偏好融资交易，融资融券交易发展不平衡。卖空交易相比杠杆交易存在更多限制以及风险收益不对称，当市场下跌时卖空的收益是有限的，而当市场上涨时卖空损失理论上可以无限大，而融资交易则相反，市场下跌时损失有限，市场上涨时收益无限。同时，由于一直以来我国证券市场不允许卖空，使投资者更加习惯"买涨不买跌"。因此，正是由于券源短缺、融资融券成本偏高、投资者不熟悉卖空操作等原因导致我国长期以来两融交易结构失衡，融券交易量较小，卖空作用受限。

第2章 文献回顾与评论

本章针对与本书研究相关的国内外文献进行简要的回顾与梳理。首先，对卖空机制相关国内外研究进行文献回顾，包括卖空机制对于资本市场和公司财务行为的研究。其次，针对与本书研究相关的企业投融资理论的研究进行文献回顾和梳理。最后，在文献回顾的基础上，总结已有研究的不足并引出本书的主要研究内容。

2.1 卖空机制相关文献回顾

在西方发达国家资本市场，卖空机制已成为证券市场普遍实施的一种成熟的交易制度，学者们对其进行了一系列深入的研究。国外关于卖空机制的相关研究表明，卖空机制的引入与实施可以从两个层面来影响资源的配置。一是卖空机制通过促进（负面）信息传递改善股票市场的定价效率而影响股票市场的资源配置（Miller，1977；Diamond and Verrecchia，1987；Senchack and Starks，1993；Cohen et al.，2007；Boehmer and Wu，2013）；二是卖空机制的引入通过可能带来的负面信息的扩散以及股价下跌的威胁对企业内部人产生约束作用和股票市场的反馈作用影响企业财务决策进而影响企业层面的资源配置（Brunnermeier and Oehmke，2013；He and Tian，2014；Nezafat et al.，2014；Chang et al.，2015；Massa et al.，2015；Grullon et al.，2015）。

2.1.1 卖空机制与资本市场

卖空机制作为资本市场重要的基础制度，是证券市场不可或缺的组成部分，但事实上，各国证券市场均或多或少地存在卖空限制，因此，学者们先从卖空限制的角度入手，研究了不允许卖空对市场可能产生的影响。目前，国内外学者主要从卖空对于信息传递、定价效率、市场流动性和波动性方面进行了讨论。

（1）信息传递。有效市场理论认为，即使投资者因获取的信息不同而对资产价格具有不同的预期，但市场的套利行为可以很快地消除其对资产价格的错误影响，市场的有效性得以维持。然而在现实中，资本市场所面临的市场摩擦造成了套利的风险和成本，市场由此也就无法实现无套利均衡，股票错误定价也会一直持续下去。早在 1977 年，米勒就指出，由于未来的不确定性，投资者有可能是异质信念的，即使对于同样的信息，不同的投资者对于资产价格的判断也会不同，如果存在卖空限制，悲观的投资者将被排斥在外无法进入市场表达信息和观点，那么资产价格只能反映乐观投资者的信息和观点，由此将导致股价被高估。哈里森和克雷普斯（Harrison and Kreps，1978）则在米勒提出的悲观投资者和乐观投资者的基础上，进一步指出悲观投资者不一定会因卖空限制而被驱逐出市场，也有可能为了获得短期的投机利益参与股票交易将股票转卖给乐观投资者而获利，只要这个市场上有更加乐观的投资者，这种将股票可以卖给更加乐观的投资者的信念会不断地推高股价。但这两篇早期的研究只是简单地指出卖空限制会造成股价被高估的后果，但并未对卖空机制对于股价的影响机制进行探讨。

直到 1987 年，戴蒙德和维雷基亚（Diamond and Verrecchia，1987）撰写了一篇关于卖空限制的经典文献，指出卖空者相比其他交易者拥有更多的信息，这个信息优势可能来源于卖空者可以获得更多的私人信息或者来源于卖空者更具有分析和处理公共信息能力。他们进一步研究发现，存在卖空约束的情况下，股票价格对未公开信息，尤其是未公开的负面信息的调整速度会变慢，从而损害了股票市场的定价效率。至此，卖空机制研究的重点转移到卖空限制的信息传递作用上。而卖空机制之所以能引发众多学者的研究兴趣，是因为通过卖空交易使更多的负面信息得以向市场传递，这对证券市场来说是一种新的价格发现机制。自此，在接下来的卖空机制研究中，学者们开始关心卖空者是否是信息交易者、卖空机制是否是一种有效的信息传递机制。随后，艾伦等（Allen et al.，1993）与戴蒙德和维雷基亚（Diamond and Verrecchia，1987）相仿，也是突破了经典理性预期均衡模型的假设，进一步对卖空限制对于信息传递的影响进行了研究，通过建立模型他们发现，卖空限制下股票价格被高估需要存在三个必要条件，即部分投资者面临卖空限制、投资者具有私人信息、投资者并不是基于共同知识进行交易，这就意味着并不是所有投资者可以通过信息交流获得一致的判断即投资者之间存在异质信念，只有这三个条件满足时，才会导致出现资产价格泡沫。申克曼与熊（Scheinkman and Xiong，2003）则从投资者非理性的角度出发，建立了连续时间状态模型，认为是投资者的过度自信导致了信念分歧，悲观的投资者可以将股票卖给那些更加乐观的投资者，当存在卖空约束时，使价格吸收信息的速度不够快，不能充分反映市场信息（尤其是负面信息），从而导致资产价格泡沫。

除了上述理论研究外，随着金融市场的发展，数据可得性的提高，关于卖空者是否为信息交易者和卖空机制对于信息传递影响的实证研究方面也获得了不少研究成果。伯默尔等（Boehmer et al.，2008）研究认为，卖空者是知情交易者，卖空交易较多的股票随后的股票收益较低。随后，又有学者进一步研究了卖空者的信息优势，发现相当一部分卖空者的交易优势来自他们分析公开信息的能力，他们可以更好地理解和处理公开信息（Engelberg et al.，2012），也有学者通过与市场证券分析师的比较发现，卖空投资者的信息优势则来源其对企业的基本信息知道得更多，消息更加灵通，能够影响分析师对于企业评级的变更（Boehmer et al.，2020），证实了戴蒙德和维雷基亚（Diamond and Verrecchia，1987）提出的信息获得或信息加工渠道。不过也有研究认为，卖空投资者不一定都是信息交易者，还存在没有信息的恶意卖空者通过卖空操纵股价（Henry and Koski，2010；Brunnermeier and Oehmke，2014），这种卖空者的投资行为会引导其他投资者跟风，造成股票价格对于信息的过度反应。

在卖空机制对于信息传递的实证研究方面，森查克和斯塔克斯（Senchack and Starks，1993）针对戴蒙德和维雷基亚（Diamond and Verrecchia，1987）的理论模型进行了实证检验，发现卖空交易量确实和企业未公开的信息相关，并可用以预测股价的变化，且在信息披露日附近，卖空交易量上升的股票随后超常回报率显著为负。科恩等（Cohen et al.，2007）利用某美国大型机构投资者的股票借贷费用和借贷数量数据将卖空的需求和供给分开，经检验也发现类似结果，即卖空需求是预测股票收益率的一个重要指标，卖空交易量的增加将使得其后月份的超常回报率显著为负，并且在公开信息越少的环境下，这种效应越明显，表明卖空机制是公司私有信息披露的重要机制。克里斯托夫等（Christophe et al.，2004）则针对美国纳斯达克交易所的上市公司发布盈余公告前的卖空行为进行了研究，发现公告前的卖空行为属于知情交易，卖空交易量和公告后的股票收益呈显著负相关，而且进一步研究发现，卖空揭示的是公司的具体信息并不是那些公司已经公开的基本面信息，说明放松卖空限制有利于更加及时广泛地披露公司的信息。拜瑞斯等（Bris et al.，2007）则利用 46 个国家的数据研究了卖空限制对于股价反映信息的影响，发现允许卖空的国家，股价对利空消息的反应速度相对更快，卖空交易量高的股票随后的回报率显著低于卖空交易量低的股票，且机构投资者的非程序化卖空交易的信息含量最高。

总之，多数文献表明，卖空者多为信息交易者，卖空机制是一个将私有的负面信息反映到股价中的重要机制，提高了股价中的信息含量。在此基础上，学者们进一步探讨了作为信息交易者的卖空者拥有何种负面信息。德希穆克（Deshmukh et al.，2015）在研究卖空交易量与企业经营业绩的关系后发现，卖空交易量较高的企业随后的经营业绩显著下降，这意味着卖空交易传递的是关于企业内在价值的负面信息而并不是影响股价变化的其他信息。

（2）定价效率。正如前面所指出的那样，卖空限制阻碍了悲观的投资者进入市场表达信息和观点，使资产价格被高估。引入卖空机制能够向市场传递卖空者所拥有的与企业内在价值有关的负面信息，并通过卖空活动将这些信息体现在股价中，那么卖空机制能够降低高估的股价，提高股价的定价效率。

许多国外学者的实证研究支持了这个论点。有学者直接检验了卖空与股票回报率直接的关系，证实米勒的高估假说成立，卖空机制的引入降低了高估的股价。琼斯和拉蒙特（Jones and Lamont，2002）利用美国纽交所早期 1926～1933 年的卖空成本数据进行了研究，发现那些投资者卖空需求较大或者实际卖空成本较高的公司其后续的股票回报率越低，与高估假说一致，说明卖空约束导致了股价高估。德赛等（Desai et al.，2002）则直接利用美国纳斯达克市场上市公司的实际卖空交易量①（short interest）和股票回报率之间的关系，发现实际卖空交易量是对于市场来讲是一个负面信号，实际卖空交易量越多，股票回报率越低。阿斯奎斯等（Asquith et al.，2005）则不仅考虑了卖空需求（用实际卖空交易量表示），还考虑了卖空供给（用机构投资者持股比例表示），发现卖空受到约束的公司随后的股票回报率更低，而且卖空需求和卖空供给对于卖空约束的影响不同。迪特尔等（Diether et al.，2009）则基于 2005 年美国证券交易委员会提供的权威数据检验发现，卖空者确实多以股价高估的股票为卖空标的，通过对这类标的企业增加卖空活动的频率，修正了高估的股价。除了美国证券市场，艾特肯等（Aitken et al.，1998）对澳大利亚证券市场，常等（Chang et al.，2007）对中国香港地区市场的研究以及詹尼科斯和古斯古尼斯（Giannikos and Gousgounis，2012）利用印度证券市场 2001～2008 年禁止卖空的自然实验进行检验也得到同样的结论。

既然实证研究证明卖空限制使股价被高估，证实了高估假说，那么卖空机制的引入能否矫正高估的股价，提升市场的定价效率？学者们直接对市场的定价效率作出了检验，大多数研究证实卖空机制的引入提高了股票市场的定价效率。萨菲和西格德森（Saffi and Sigurdsson，2011）利用全球 26 个国家和地区 12600 只股票 2005～2008 年的数据进行了实证研究，发现当以可供出借的股票数量（卖空供应量）作为卖空的测度指标时，可供出借的股票数量越少，股票的定价效率越低；不仅如此，卖空约束会使股票回报率发生正偏

---

① 相当于我国的融券余额。

但不会降低极端负值出现的概率。布罗克曼和郝（Brockman and Hao，2011）则巧妙地利用美国存托凭证（ADR）在有的国家可以卖空，有的国家不可以卖空的制度特征检验卖空与股票定价效率之间的关系，发现美国存托凭证允许卖空时，其股价信息含量更高，则说明卖空者对于股价的价格发现起着重要的作用。除了国际数据的研究外，针对具体某个国家的证券市场，伯默尔和吴（Boehmer and Wu，2013）基于美国市场的数据经检验发现，卖空交易量越大，纽交所交易的股票价格的日内信息的效率越高，且在月度和年度层面上股价越能反映公开信息，这意味着卖空交易降低了股价与内在价值的偏离度，提高了股票定价效率；王等（Wang et al.，2008）研究了中国香港地区市场，利用知情交易概率（PIN 值）和价差异质波动率来直接衡量股价的信息效率，发现卖空限制会降低股票的定价效率；程等（Cheng et al.，2012）则利用中国台湾地区证券市场首次公开上市后的前 6 个月禁止卖空的规定，针对台湾地区市场进行了检验，发现首次公开上市 6 个月后，卖空限制被解除后股票的定价效率提升。当然，也有一些学者强调了卖空者中存在一些不具有信息优势的噪音交易者（Henry and Koski，2010；Brunnermeier and Oehmke，2014），这些噪音交易者作为短期投资者，为了获利有可能会对股票进行恶意卖空，操纵股价，这种卖空交易不仅会降低股价的信息含量，而且还会降低定价效率（Goldstein and Guembel，2008）。

因为卖空者拥有与企业内在价值有关的负面信息而不是影响股价变化的其他信息（Deshmukh et al.，2015），所以卖空机制不仅能改善股票市场的定价效率，也能改善债券市场的定价效率。国外学者对债券市场的定价效率进行了研究，也证实了这一点。马菲特等（Maffett et al.，2015）发现，影响股票价格的敏感信息对于评价债务违约风险也十分重要，卖空限制的存在阻碍了负面信息的流动，其结果不仅会降低股价的信息效率，也会降低债券违约模型的准确度。亨利等（Henry et al.，2015）针对信用评级下调前卖空交易量的变化进行了研究，他们发现，卖空者确实能够帮助债券市场实现价格发现，并纠正错误的信用评级。这些研究结果从一个侧面表明，卖空者掌握的信息主要是关于企业内在价值的负面信息。

（3）市场流动性和波动性。卖空作为一种创新的基础制度，允许投资者揭示和披露企业的负面信息，这在一方面会提高股价的信息含量，有利于资本市场的价格发现，提高市场的定价效率，但另一方面这种负面信息的增加可能会给整个市场带来冲击，影响证券市场的流动性和波动性。市场的流动性和波动性也是市场质量的一部分，各国证券市场所要追求的都是信息含量高、高流动性、低波动性的高质量证券市场，所以除了上述提到的定价效率的影响外，还有学者就卖空机制的引入对于证券市场的流动性和波动性的影响做了研究。

在市场流动性方面，目前学者研究的主要观点是卖空机制引入后，使股价下跌时，卖空者也可以做空获利，所以卖空机制创造了可卖空股票的供给和需求，从而能够增加市场交易，活跃证券市场，提高市场流动性。相反，卖空约束使悲观的投资者在股价下跌时只能离场，会导致市场流动性的降低。关于卖空机制对于市场流动性的影响，学者利用2008年金融危机期间，许多国家或地区的证券市场暂时禁止卖空交易的准自然实验进行了研究，贝伯和帕加诺（Beber and Pagano，2013）对2008年金融危机期间全球30多个国家或地区的卖空数据进行了检验，发现政府在金融危机期间普遍对卖空进行了干预，暂时限制卖空，损害了市场的流动性。伯默尔和吴（Boehmer and Wu，2013）基于美国市场的数据检验卖空限制对于股价定价效率的研究中，同时发现被限制卖空的股票流动性显著降低了。可见，学者们在关于卖空限制对股价的流动性的研究方面，得出的结论与预期相符，也比较一致。

在市场的波动性方面，部分学者研究认为，允许卖空可以降低市场的波动性，稳定市场。申科曼和熊（Scheinkman and Xiong，2003）在构建的动态连续时间模型中除了分析卖空限制对股票价格的影响外，还预测卖空限制会在增加市场的波动性，因为当交易成本足够低时，投资者会不断地卖出和买入股票，导致价格的波动性增大。同样地，洪和斯坦（Hong and Stein，2003）通过建立投资者异质信念模型，指出存在卖空约束时，那些本打算卖空的投资者成为"边际支持买家"，使市场上的悲观情绪被暂时隐藏，负面信息无法反映在价格中，这些负面信息会不断地积累，当股票价格下跌时，市场上积累的负面信息会在短时间内释放，造成股价暴跌，所以卖空限制是股价暴跌的原因之一，允许卖空可以降低股价暴跌的概率，稳定市场。

但也有部分研究表明，引入卖空机制并不能起到稳定市场的作用，相反可能会增加市场的波动。艾伦和盖尔（Allen and Gale，1991）构建了一个不完全市场下的一般均衡模型发现，当不允许卖空时公司处于完全竞争状态能达到有效的均衡，而当市场允许卖空时反而市场的均衡会被破坏，这将会使市场变得不稳定。贝尔纳多和韦尔奇（Bernardo and Welch，2003）则认为，金融危机来源于投资者对于未来流动性冲击的担忧，而当市场允许卖空后部分投资者会利用信息优势提前进行交易，这将加剧其他投资者对未来流动性冲击的担忧，所以限制卖空交易可以有效地防止金融危机，放松卖空约束反而会加大市场的波动。放松卖空约束可能导致市场出现皮革马力翁效应，从而加快市场的下跌和崩溃（Macey et al.，1988；Morris and Shin，1998）。除了理论研究外，拜瑞斯等（Bris et al.，2007）对 46 个国家的卖空机制进行了实证检验，发现引入卖空机制虽然可以加快股价对信息的反应速度，但并不能消除未来市场的极端负超额收益，即不能阻止股价崩盘或金融危机的发生，所以卖空机制的引入会加剧市场波动。常等（Chang et al.，2007）利用香港证券市场的数据，发现对于那些允许卖空的公司，股价的波动性更大，卖空并不能够稳定市场。

除了正反两方面的观点，还有学者认为，市场的波动性不会受卖空交易的影响，亚历山大和彼得森（Alexander and Peterson，2008）利用美国 2005～2007 年放松了卖空交易价格测试法案（Regulation SHO）这一准自然实验，检验发现，放松卖空约束并不会加大市场的波动性，影响市场质量；萨菲和西格德森（Saffi and Sigurdsson，2011）利用全球 26 个国家的卖空数据进行了实证检验，也证实放松卖空限制不会导致价格不稳定或市场极端负收益的发生。因此，目前关于市场波动性的讨论还未达成一致意见。

2.1.2 卖空机制与公司财务行为

随着卖空研究的深入，近年来国外学者开始关注卖空机制的引入对于企业行为的影响问题，探讨了卖空机制的引入如何影响企业控股股东、管理者以及其他利益相关者的决策。

（1）盈余管理。卖空机制是证券市场的交易机制，那么证券市场上的卖空者究竟如何选择被卖空的企业，学者们就这个问题进行了研究。德肖等（Dechow et al.，2001）研究发现，卖空者主要关注与公司基本面相关的信息，卖空者通过分析公司的基本面来识别那些股价被高估的股票，从而进行卖空操作。埃芬迪等（Efendi et al.，2005）则利用财务报表重述数据发现，卖空者擅长识别财务报表出现问题的公司，德赛等（Desai et al.，2006）的研究同样也证实了该结论，而且还发现，卖空量与财务重述前公司的应计水平显著正相关。卡尔波夫和楼（Karpoff and Lou，2010）则指出，卖空者为了寻找卖空攻击的机会会更加关注公司的财务信息质量，从而增加了那些盈余管理程度较大的企业被卖空者盯上的可能性，增加了企业操纵利润的风险。该研究表明，企业的财务信息包括财务重述、盈余质量，应计水平是卖空和关注的重点。

因此，在约束企业及其管理者行为方面，国外学者们对卖空机制是否会起到约束企业的盈余管理行为进行了研究。方等（Fang et al.，2016）利用美国2005~2007年放松卖空交易价格测试法案的机会，经检验证实了这个论点，并发现放松卖空约束能够抑制企业的盈余管理程度，有助于投资者发现企业的欺诈行为。马萨等（Massa et al.，2015）则利用全球33个国家和地区2002~2009年的卖空交易数据，用证券市场可出借股票数量作为衡量卖空威慑程度的指标，经检验发现，其与企业的盈余管理的测定指标即可操控性应计利润呈显著的负相关关系，这意味着卖空机制作为一种外部治理机制确实起到约束和监督企业行为、降低企业盈余管理的作用。

（2）信息披露。既然卖空者具有挖掘与揭示企业负面信息、改善内外部人之间信息不对称的内在激励，那么卖空约束的放松是否会对企业信息披露，尤其是负面信息的披露产生影响呢？克林奇等（Clinch et al.，2019）基于美国2005~2007年放松卖空交易价格测试法案（*Regulation SHO*）的变化这一准自然实验事件，经实证研究发现，卖空机制能给企业带来负面信息被揭示和扩散而导致股价下跌的威胁，且使得企业因隐瞒坏消息而获得的好处下降、代价增加，由此企业不得不更加及时地以适当的方式披露企业的坏消息，所以卖空机制的引入有利于企业坏消息的披露。然而，李和张（Li and Zhang，

2015）基于上述同样的准自然实验机会经检验却发现，鉴于卖空压力下股价对于企业的坏消息更为敏感，所以管理者为了维持股价的稳定反而会降低坏消息预测的准确度和年报中企业坏消息的可读性，并在作出信息披露抉择时更多考虑的是如何维持现有的股价，卖空机制的引入所带来的股价下跌的压力反而会使管理者隐瞒企业的负面消息。

（3）投资决策。在卖空对投资决策影响的研究方面，国外学者们关注得更多的是关于卖空机制约束企业投资行为的作用机理与影响路径的研究。其中一个研究方向是从放松卖空约束或卖空供应量出发，检验作为来自外部证券市场的基于交易为基础的治理机制—卖空机制对投资行为的治理效应。吉克瑞斯特等（Gilchrist et al.，2005）在米勒的基础上构建了存在卖空约束时投资者的信念分歧对企业投融资行为影响的模型，并经检验发现，当存在卖空约束时，投资者的信念分歧会造成股价高估，企业也会抓住这种有利的市场时机通过增发股票实现更多的融资并加大投资力度，最终导致过度投资，而放松卖空约束则能抑制企业的过度融资和过度投资的行为。常等（Chang et al.，2015）基于一种较为特殊的企业投资活动即并购为研究对象，经检验发现，面临较大的卖空供应量的并购者其具有较高的并购公告超常回报率，且在其后的年份中也具有较高的企业价值和经营绩效。这意味着，由卖空供应量所产生的卖空事前威慑阻止了损害价值的并购行动、改善了并购决策的效率。他们还发现，这种卖空对并购行为的规制效应是通过管理者基于权益的奖赏机制以及可能成为敌意接管对象的威胁机制这两个路径产生作用的。何和田（He and Tian，2014）将研究的关注点放在企业的创新投资上，并发现卖空机制对于创新投资具有正向的影响。与一般的投资支出不同，创新投资的周期较长、风险较大，创新企业家拥有的自由处置权较大，外部投资者不易评估和监管整个投资过程。在这种情形下，卖空者的存在以及由卖空而带来的股价下跌的可能性威慑着创新企业家的财富，减少了创新投资中企业家与外部股东之间的代理冲突，从而促使创新企业家更愿意投资那些风险较高、收益实现较慢但却能实现更大企业价值的创新项目。马萨等（Massa et al.，2015）指出，卖空者作为短期投资者不一定会促进企业的短视投资行为，反而卖空者作为信息交易者降低了内外部人之间的信息不对称，降低了企业及其管理者的道德风险与逆向选择，此外，因卖空而带来的信息不对称程度的降低也便于企业向市场传递研发项目的信息。他们检验了卖空供应量与企业研发投资之间的关系，并发现卖空约束的放松提高了企业从事可创造价值的研发项目的激励。

另一个方向是从现实的卖空行动或卖空需求量出发，基于证券市场对投资决策的反馈作用，检验实际的卖空行动对投资决策的实际效果。戈德斯坦和冈贝尔（Goldstein and Guembel，2008）认为，企业及其管理者可以从股价中学习并获取市场信息，根据股价的变化来决定企业的投资决策，这便是证券市场对投资决策的反馈作用。他们重点关注了不具有信息优势的短期投资者的卖空行为（恶意掠夺行为）对企业投资水平的影响，并发现当这些卖空者通过卖空行动来操纵股价并导致股价下跌时，企业会将此视作投资机会的负面信息并取消有价值的投资项目导致投资不足。那扎法特等（Nezafat et al.，2014）基于别布丘克和斯托克（Bebchuk and Stole，1993）的研究构建了一个纳入卖空者的信号模型，该模型表明，在管理者短视且存在短期卖空者的情况下，好企业的管理者通过过度投资于长期项目而发出"好企业"的信号，而坏企业也会模仿采取类似的过度投资行动，而以卖空交易量反映的实际卖空行动的出现降低了企业长期项目的当前价值并由此导致管理者的利益受到损害，其结果使所有的企业更多地投资于长期项目。他们的实证结果支持了这个理论预期，并进一步表明，对那些生产效率较低或者管理者激励对股价更敏感的企业来说上述效应更大。楚（Chu，2015）从产品市场竞争视角出发，研究了卖空对企业财务行为的反馈作用，并认为卖空者可以通过实际的卖空活动向企业传递产品市场的信息（如顾客的偏好等），从而改善企业的决策行为，增强其产品市场的竞争力以及市场份额。

（4）融资决策。在卖空对融资决策影响的研究方面，目前的研究更多的是从卖空对企业资本成本的影响进行的研究，格鲁伦等（Grullon et al.，2015）基于美国放松卖空交易中的价格测试法案的变化，检验了该政策变化对于企业融资行为的影响，并发现卖空约束的放松对股价造成了负向冲击增加了权益的资本成本，企业新增权益发行也相应减少了。邓和莫塔尔（Deng and Mortal，2016）则基于格鲁伦等（Grullon et al.，2015）的研究进行了国际比较，也发现类似结论。进一步地，埃蒂尔克和内贾德马莱耶（Erturk and Nejadmaleyeri，2015）研究了卖空对债务资本成本的影响。他们发现，反映实际卖空活动的卖空交易量与其后月份的债券息差之间具有正相关性，这意味着，卖空行动向股票市场释放出的关于企业价值的负面信息不仅影响了股票的定价效率，而且也影响债券的定价效率；实际的卖空交易量越大，债券的息差也就越大，企业使用债务融资的资本成本也越大。霍等（Ho et al.，2021）则对银行借贷进行了类似研究。

（5）现金持有量。在卖空对企业现金持有量的影响方面，王（Wang，2014）发现，为了抵御卖空者的卖空攻击，也为了避免遭受卖空攻击后陷入财务困境，企业出于预防性动机而具有增持现金持有量的内在倾向，也即无论是卖空交易量（卖空需求量）还是可供出借的股票数量（卖空供应量）均与现金持有量成正相关性。坎佩洛和萨菲（Campello and Saffi，2018）则从卖空供应量对企业融资决策的影响路径出发，其发现，随着卖空供应量的增加以及由此而引起卖空的事前威慑效应的增强，企业会考虑采用回购股票、减少股利支付和发行债务等方式，增加现金持有量，以抵御卖空者可能发动的卖空威胁。他们的检验结果表明，这种效应对那些股票流动性较高、价值相对高估、卖空需求量较大以及管理者薪酬对股价更加敏感的企业来说更加强烈。

此外，还有国外学者研究了卖空这种来自外部证券市场的治理机制与传统的内部治理机制之间的关系。马萨等（Massa et al.，2013）从卖空供应量视角出发，经检验后发现，基于卖空的治理机制与内部治理机制之间具有互补的关系而不是替代关系，原因是，一旦发生卖空行动，现有股东也会遭受股价下跌而面临的财富损失；为了避免卖空行动的发生，现有股东具有激励投入资源以强化内部治理的建设，减少遭受卖空攻击的可能性，由此，基于卖空的治理机制有助于促进内部治理机制的完善和提升。

2.1.3　国内关于卖空机制的研究

在我国证券市场推出融资融券制度前，国内学者的研究主要从卖空机制缺失的角度或通过对中国台湾、香港地区证券市场的研究讨论了卖空机制的作用以及卖空约束所带来的负面影响。在这类研究中，我国学者多从证券市场出发探讨了引入卖空机制对市场定价效率和稳定性的影响，其中，周春生等（2005）、廖士光和张宗新（2005）和古志辉等（2011）认为，中国由于缺乏卖空机制导致股票价格的暴涨。陈国进和张贻军（2009）基于投资者异质信念模型指出，投资者的异质信念和卖空约束会使我国证券市场会发生暴跌。而随后学者针对海外证券市场卖空机制的基本功能进行了充分探讨（廖士光和杨朝军，2005a），不仅对卖空机制的价格发现功能进行了探讨（廖士光和杨朝军，2006），而且对套期保值功能（廖士光，2006）进行了研究。同时，廖士光和张宗新（2005）及廖士光和杨朝军（2005b）针对中国香港市场的数据检验了卖空机制对于市场稳定性的影响，发现卖空机制的引入是否会加大市场的波动是一个复杂的过程，主要取决于卖空交易者的类型，卖空交易的策略和卖空交易信息的公开程度；但基于中国台湾地区的研究数据则表明，卖空机制的存在并未加剧证券市场的波动，而且卖空机制的引入可以对市场的波动起到平抑作用。而陈淼鑫和郑振龙（2008a、2008b）也利用海外证券市场的经验数据做了类似研究。

自2010年3月我国试行融资融券制度和4月推出股指期货以来，国内学者开始就卖空机制的引入对我国证券市场的稳定性、定价效率以及企业行为的影响开展了初步探索。国内学者的研究主要集中在以下三个方面。

一是卖空机制的引入与我国证券市场稳定性之间的关系。杨阳和万迪昉（2010）发现，随着市场结构的不断完善，推出股指期货能起到稳定市场的作用。杨德勇和吴琼（2011）基于上海证券交易所的数据，经检验发现，融资融券制度的推出提升了整个证券市场的流动性，并在一定程度上可以平抑市场波动性，并通过事件研究进一步发现了其对个股的流动性与波动性也具有相同的影响效果。李志生等（2015）基于融资融券制度的推行，研究了融资融券标的股票和非标的股票，以及股票被列入和剔出融资融券标的前后的价格波动特征，结果表明，融资融券的推出有效地提高了我国证券市场的稳定性，降低了股价的波动。唐松等（2016）同样基于融资融券的自然实验研究发现，允许卖空的股票对于企业负面信息的反应速度更快，其股价暴跌风险显著降低。孟庆斌等（2018）进一步研究发现，我国卖空交易的引入通过提升公司信息透明度和改善公司治理，从而降低了股价崩盘风险。然而，也有学者提出不同的研究结论，才静涵和夏乐（2011）则从噪音交易者假说出发，针对香港证券市场研究发现，卖空机制的引入对市场波动性尚未产生显著影响，反而会使市场短期和长期的流动性下降，但卖空机制的引入已将部分噪音交易者驱逐出市场。褚剑和方军雄（2016）发现，融资融券制度的实施不仅没有降低相关标的的股价崩盘风险，反而加大其崩盘风险，这种负面效应主要源于融资融券标的的选择标准以及融资和融券的同时实施。王朝阳和王振霞（2017）也发现，在实施涨跌停的 A 股市场，融资融券制度的引入在现阶段反而加剧了股价波动。苏冬蔚和倪博（2018）则以转融券制度作为纯外生变量，发现转融券股的极端负收益率的发生频率显著增加且增幅高于非转融券股，卖空交易会扩大股价波动并加剧市场暴跌。

　　二是卖空机制的引入与我国证券市场定价效率之间的关系。廖士光（2011）基于 2010 年以来融资融券标的企业的确定和调整的自然实验进行实证研究指出，我国证券市场实施的融资融券制度未能起到价格发现的功能。许红伟和陈欣（2012）也做了类似研究，实证结果表明，我国融资融券试点开展一年内对证券市场定价效率改善并不明显。但随着融资融券标的企业的进一步扩展以及实施时间的推移，国内学者发现了更多的融资融券制度对市场定价效率起到积极作用的证据。李科等（2014）基于白酒行业塑化剂事件经研究发现，卖空限制导致了不能被卖空的股票被严重高估，融资融券制度的试行有助于矫正高估的股价，提高市场定价效率。肖浩和孔爱国（2014）利用双重差分模型对融资融券标的企业和非融资融券标的企业的股价特质性波动差异进行了检验，结果表明，融资融券制度的实施降低了诸如噪音交易、信息不对称等非信息效率因素的影响，提升了股价的信息效率。李志生等（2015）则发现，融资融券制度的推出有效地改善了我国股票市场的价格发现机制，提高了股票市场的定价效率。

　　三是卖空机制的引入与我国企业财务行为之间的关系。近两年来，国内学者开始关注卖空机制的引入对企业财会行为影响的问题。以我国融资融券交易试点启动这一证券市场制度变革为准自然实验，国内学者先从公司治理的角度对融资融券制度的试行效果进行探讨。陈晖丽和刘峰（2014）研究了融资融券制度对于上市公司盈余管理行为的影响，并发现融资融券制度具有制约企业盈余管理行为的治理效应，但这种治理效应的发挥有赖于外部市场环境。肖浩和孔爱国（2014）认为，融资融券制度在其刚推出时，可较为有效地降低公司管理层的正向盈余管理行为，但由于进入门槛、交易成本、交易规模等因素的限制，其对企业行为的影响只存在瞬间效果而不具备持续效应。张璇等（2016）考虑了融资融券制度的推行所带来的卖空机制对于企业发生财务重述的治理作用，发现卖空机制可以有效地降低企业发生财务重述的概率，尤其是在那些金融市场欠发达和治理水平较差的公司效果更加明显。除了企业的会计行为，在对企业投融资的影响方面，靳庆鲁等（2015）研究了卖空机制对企业投资决策及公司价值的影响，发现放松卖空管制后，当面临较差的投资机会时，可卖空企业的大股东有动机监督管理层及时调整投资决策，且可卖空企业的清算期权的价值会有所提升。侯青川等（2016）研究了卖空机制对于企业现金价值的影响，发现放松卖空管制提高了企业的现金价值，并且对第一大股东持股比例较高的民营企业样本影响更为显著。王仲兵和王攀娜（2018）则发现，卖空机制不仅减少了企业的过度投资还缓解了企业的投资不足，提升了企业投资效率。此外，还有学者对企业 R&D 进行了研究，权小锋和尹洪英（2017）发现，融资融券实施并没有显著影响企业的创新投入，但因增强外部监督、减少代理冲突而提高了企业的创新产出；倪骁然和朱玉杰（2017）则发现，引入卖空机制后，面临卖空压力的企业因不愿承担更多的风险而减少 R&D 投资。孟庆斌等（2020）进一步对企业融资约束研究发现，卖空交易会加剧企业财务约束，并指出卖空交易一方面会给企业带来威慑效应，另一方面会带来负面信息效应，但威慑效应弱于负面信息效应。

2.2　企业投融资相关文献回顾

莫迪利亚尼和米勒（Modigliani and Miller，1958）创造性地构建了公司财务新古典经济学模型，并在金融市场完全竞争、投资者完全理性、信息完全对称的假定下，提出了著名的 MM 定理，即企业的市场价值只取决于按照与其风险程度相适应的预期收益率进行资本化的预期收益水平，而与其资本结构无关，也就是说，公司价值只与公司的投资决策相关，而与融资决策无关。自此，现代公司财务理论开始发端，资本结构的研究成为公司财务研究的起点。后续研究通过放松 MM 定理中的各种必要假定，考虑了债务的税盾效应（Modigliani and Miller，1963）和企业的破产成本（Baxter，1967）形成了权衡理论（Stiglitz，1969），考虑内外部人的信息不对称的融资优序理论（Myers，1984；Myers and Majluf，1984）以及市场时机理论（Baker and Wurgler，2002）的理论体系。随着代理理论、信息不对称理论以及行为金融学理论的不断发展，公司投资理论和融资理论也日益紧密地结合起来。

2.2.1　企业的融资决策

企业的融资决策是一个较为宽泛的话题，它包括企业的资本结构、股利政策、股票回购以及首次公开募股和增发股票等方面。由于本书中关于卖空机制对于企业融资行为的影响，主要是通过讨论引入卖空机制对于企业权益和债务资本成本的影响，进而如何影响企业的权益和债务融资规模以及资本结构，因此，本书的研究重点是卖空机制的引入对于权益和债务两种企业融资方式和资本结构的影响。所以本节主要对企业的资本结构相关的研究进行文献回顾和综述。

目前，随着资本结构研究的深入，根据是否存在最佳资本结构，关于资本结构的理论大致可分为两大支：一支是权衡理论，权衡理论是放松 MM 定理中的部分假定，考虑企业存在所得税和负债过高时会出现财务困境成本、股东和管理者之间存在代理冲突因而存在代理成本，这些情况单独出现或者共同存在的条件下，企业的资本结构如何影响公司价值，该理论认为，在平衡债务的税盾收益和财务困境成本的情况下，存在最佳资本结构使企业价值最大化。另一支是融资优序理论以及市场时机理论。融资优序理论认为，当内外部人之间存在的信息不对称使企业在使用权益融资时更易面临折价，所以企业的权益资本成本较高，其结果导致企业在产生新的融资需求时应首先采用内源融资，其次依次使用债务融资、权益融资。市场时机理论则认为，企业进行融资决策的思路很简单，即当市场上因投资者的非理性造成公司股票被高估时，此时对于企业来讲权益融资成本较低，因而企业倾向于优先使用权益融资，否则选择债务融资。尽管两种理论基于的理论基础不同，但两者均与证券市场在定价时发生的折价或者溢价有关，而折溢价造成权益和债务的资本成本有所不同，因而会影响企业的融资次序。所以这两类理论均不关注最佳的资本结构而强调融资次序。

随后，有关企业资本结构的权衡理论和融资优序理论、市场时机理论开始成为学者们研究和争论的焦点，众多学者为了检验这些理论，针对企业的融资行为包括企业的融资偏好、资本结构等进行了研究。对于融资优序理论的检验，由希扬·桑德和迈尔斯（Shyam-Sunder and Myers，1999）最先发起，他们选取了大企业样本进行研究，首先测算其"融资缺口"；其次检验了大企业债务融资与融资缺口之间的关系，发现大企业的融资确实遵循融资优序理论。随后众多学者也对融资优序理论进行了实证检验，但得出的结论并不一致（Frank and Goyal，2003；Lemmon et al.，2008；Leary and Roberts，2010；De Jong et al.，2011）。对于市场时机理论的检验，与融资优序的检验结果不同，自贝克和沃尔格勒（Baker and Wurgler，2002）提出市场时机理论以来，众多实证结果支持了市场时机理论，发现企业只是根据市场时机决定公司的融资决策，并不追求最优的资本结构。当投资者在情绪高涨时推动股价上涨，导致股价高估，管理者发现公司股价被高估时，会利用这个股权融资成本相对较低的市场时机来进行权益融资，因而企业的融资具有择时特征（Graham and Harvey，2001；Elliott et al.，2008；Gomes and Phillips，2012）。这些研究结果表明，企业在进行融资决策时更多的是依据融资成本来选择最有利的融资方式，从而决定企业的新增融资规模和资本结构。

2.2.2 企业的投资决策

卖空机制引入后，为证券市场注入关于企业价值的（负面的）私人信息并由此矫正高估的股价，提高股票市场的定价效率，增加股价的信息含量。管理者从下跌的股价中学习到投资者拥有但自己却不知道的有关企业价值的负面私人信息（如外部竞争者、宏观经济需求等），由此会调整其对公司价值的预期，在投资决策时参考这些信息，降低企业的投资水平。同时，股价的下跌还会带来企业融资成本的上升，由此也会有可能降低企业的投资水平。因此，本书还将对股价对于企业投资决策影响的相关研究进行文献回顾。

　　传统的财务理论认为，公司投资水平由理性的管理者依据经济基本面和未来投资机会决定，公司股价体现了企业的投资机会，股票价格与企业的投资呈正相关（Bosworth et al.，1975；Morck et al.，1990；Blanchard et al.，1993）。但凯恩斯早在 1936 年就指出公司的股价可能会受到市场上投资者非理性因素的影响，从而偏离公司基本价值，然后会影响企业的融资成本和融资方式进而影响企业的投资决策。当股价被市场错误定价时，此时理性的管理者会利用该市场时机进行权益融资调整公司资本结构（Stein，2005；Baker and Wurgler，2002），同时当股价被高估时，股权融资成本降低，理性的管理者会考虑发行股票进行股权融资，对外融资规模的增加，也将提高带来企业投资水平的提升，该机制被称为 "股权融资渠道"。在斯坦（Stein，1996）之前就有学者描述了股权融资渠道的思想，但因早先的实证检验证据比较缺乏，直到贝克等（Baker et al.，2003）基于斯坦的理论模型对于股票错误定价所造成的市场时机通过股权融资渠道影响公司的投资进行了理论分析和实证检验，为股权融资渠道提供了直接的支持证据。随后，许多学者也为股权融资渠道提供了实证支持，吉尔克里斯特等（Gilchrist et al.，2005）发现，当投资者高估股价，股票市场存在泡沫时，企业管理者会利用权益资本成本较低的市场时机增发新股，其结果导致企业的投资水平也会增加。但需要指出的是，贝克等（Baker et al.，2003）在分析股权融资渠道时没有考虑企业股东和管理者之间的代理问题，而是假定公司的管理者会依据市场时机进行权益融资，进行融资后不会投资那些净现值为负的项目，即股价的高估不会造成企业过度投资，这显然与现实情况并不相符。施莱弗和维什尼（Shleifer and Vishny，2003）发现，企业管理者在股价高估时进行融资，随后会带来企业的过度投资问题。法里和帕那金斯（Farhi and Panageas，2004）利用向量自回归（VAR）方法进行了检验，发现市场上投资者非理性情绪所引起的市场错误定价会扭曲企业的投资决策，而且对投资决策的扭曲作用更多的不是缓解了企业的投资不足，而是加剧了企业的过度投资，这将在长期内损害公司价值。

而且，股价通过融资渠道影响企业的投资决策还受到企业财务状况的制约。在传统投资理论和完美市场假设条件下，不存在内外部融资成本差异，企业可以随时获得外部融资，融资方式的选择对企业投资没有影响，企业投融资决策不相关。但随着信息不对称理论的发展，学者指出，由于企业内外部人信息不对称的存在，企业外部融资相对内部融资成本较高，企业具有内源融资的偏好，所以企业的投资决策会受到自身融资条件的制约。当企业内源融资不足时，企业会面临融资约束，有可能会错过净现值的投资项目，从而造成投资不足。法博齐等（Fazzari et al.，1988）则首先讨论了投资水平会受到企业融资约束的影响问题，检验了投资—现金流量之间的敏感性，发现资本市场是不完美的，企业内外部融资之间不具有完全替代性，所以公司的投资决策很大程度上取决于公司的财务状况；其次他们使用股利支付率来衡量融资约束进行了实证检验，发现企业投资水平与现金流之间呈正相关关系，而且对于那些融资约束程度高的公司投资现金流敏感性更高。此后许多研究也得出了类似结论，证实当资本市场不是无摩擦时，企业的外部融资成本会远远高于内部融资成本，那么企业内部财务状况不佳面临融资约束时，其投资无法达到最优水平（Hoshi et al.，1991；Fazzari and Petersen，1993；Houston and James，2001）。而当资本市场上存在错误定价公司股价被高估时，企业能够通过股权融资获得低成本资金，缓解融资约束，促使公司投资向最优水平靠近。研究证实那些面临融资约束的企业在股价被高估时会发行股票募集资金来进行投资，而那些非融资约束公司其投资水平则不受资本市场非理性股价波动的影响（Campello and Graham，2013；Bakke and Whited，2010）。

除此之外，股价还可以通过证券市场的反馈作用影响企业的投资决策。金融市场的主要作用之一是生产和加总信息，股票价格的最基本功能之一是指导资源配置。投资者通过交易将其所生产的信息反映在股票价格之中，通过股价变化可以汇集和传递信息，因此，股价的变化不仅反映了经理人已经掌握的有关企业情况的信息，也包含了市场上其他投资者的个人观点和私有信息，所以管理者为了最大化公司价值会从股票价格中学习这些信息来决定投资决策，这就是证券市场对实体经济的反馈作用（以下简称"证券市场反馈作用"）。关于证券市场反馈作用的研究，最早可以追溯到哈耶克（Hayek，1945）的研究，他指出，价格的基本功能之一是提高稀缺资源配置的有效性，在二级市场的价格也能起到配置的作用，因为价格汇集了信息，能够提高实体经济决策的有效性。随后法玛和米勒（Fama and Miller，1972）指出，当证券市场有效时，股价可以提供有关资源配置的信息，这些信息可以为企业决策提供有效参考，所以企业管理者可以参考股价来进行投资决策。道和戈登（Dow and Gorton，1997）以及苏布拉马尼亚姆和提特曼（Subrahmanyam and Titman，1999）则在前人研究的基础上建立了证券市场反馈作用的理论模型，指出当管理者准备投资时，外部的投资者拥有一些企业管理者没有的信息（如企业竞争对手的信息、产品需求的信息等），那么投资者会根据自己已有的信息进行交易，通过交易将信息反映到股价中，所以企业在进行投资决策时要进行参考。证券市场可以对实体经济产生反馈作用这一理论对于证明金融市场的作用有着深远的影响，因为它意味着金融市场不是被动反映实体经济变化的影子（Morck et al.，1990），还可以通过资产价格来指导实体经济资源配置。随后，国内外学者关于证券市场反馈作用也进行了实证检验，罗（Luo，2005）对于企业的并购行为进行了研究，发现企业发布并购公告后股价的变化反映了外界投资者所知道的一些信息，企业会将这些信息作为是否最终完成并购的重要参考。陈等（Chen et al.，2007）则认为，证券市场反馈作用会导致企业投资水平和股价之间存在相关性，当股价信息含量较高时，股价上升意味着市场上的投资者有看好公司前景的私有信息，企业此时应当加大投资，从而导致企业投资水平和股价之间的高度相关性，然后又利用股价非同步性和知情人交易概率（PIN）来衡量股价的信息含量，发现股价信息含量高时，企业投资—股价之间的敏感性也显著提高，说明股价的信息含量越高，管理者越能从股价中了解到更多的信息，作出更加合理的投资决策，从而提高企业的投资效率。

2.2.3　国内相关研究

在企业的融资方式和资本结构的问题上，国内学者也对于我国企业进行了大量研究，主要讨论了企业的外部环境和内部治理状况以及宏观经济因素等对企业权益和债务融资成本的影响，然后通过比较两种融资成本来研究企业的融资方式，大部分结论认为，我国企业具有明显的股权融资偏好（袁国良等，1999；刘明和袁国良，1999；黄少安和张岗，2001；杨兴全，2002；廖理和朱正芹，2003；陆正飞和叶康涛，2004；肖泽忠和邹宏，2008；等等）。同时还发现，我国上市企业融资行为不遵循融资优序理论，我国上市公司在进行融资时首先选择股权融资；其次是债务融资；最后是内部融资（刘星等，2004）。

在股价对于企业投资决策的影响方面，国内学者们也进行了大量的研究，证实了市场错误定价可以通过股权融资渠道影响企业的投资决策。刘端和陈收（2006b）研究发现，当股价被明显高估时，公司会抓住时机进行权益融资，增加公司短期的投资支出。张戈和王美今（2007）研究表明，中国股票市场存在股价高估—股权融资成本降低—企业投资水平上升的传导机制，而且对于那些高流通市值的公司尤为突出。不仅如此，国内学者也发现，企业的融资约束会显著地影响企业的投资决策，当企业存在融资约束时，会限制企业投资那些有吸引力的项目，对公司投资造成负面影响。连玉君和苏治（2009）利用异质性随机前沿模型进行了定量测算，发现中国上市公司在存在融资约束的情况下投资水平比最优水平降低20%～30%，平均投资效率仅为72%。王彦超（2009）研究发现，融资约束是影响企业投资的重要因素，当企业持有超额现金，融资约束程度较低时，更容易进行过度投资，而融资约束程度较高时，过度投资倾向不明显。同时，不同于国外学者在研究企业的融资约束程度时主要考虑企业规模的影响，我国学者主要考虑企业产权性质对于企业融资约束程度的影响。这是因为我国企业的产权特征不同，存在着大量的国有企业。所以国内学者针对国有企业和民营企业所面临的融资约束程度进行了对比，普遍发现，我国国有企业相比民营企业在银行贷款上更具有优势，面临的融资约束程度更小（张纯和吕伟，2007；罗党论和甄丽明，2008）。因此，当企业面临融资约束时，股价高估能显著地缓解企业的融资约束，增加企业投资。李君平和徐龙炳（2015）指出，股票的高估能促进企业的权益融资增加企业的投资水平，但这只对那些融资约束程度高的企业成立，对于融资约束程度低的企业则不显著。总之，资本市场上股价的波动影响企业的权益融资成本，从而通过股权融资渠道对企业的投资决策产生影响，并对不同融资约束水平下的企业影响程度不同，这些已经得到国内研究的证实，但资本市场上股价的波动对于债务融资成本的研究还较为缺乏。

对于证券市场的反馈作用，早些研究认为，我国证券市场不存在反馈作用，王等（Wang et al.，2009）以及顾乃康和陈辉（2010）利用我国股权分置改革前的数据对中国 A 股市场进行了研究，发现 A 股市场中股价的信息含量并没有影响公司投资—股价之间的敏感性，但随着我国股权分置改革的完成，于丽峰等（2014）发现，股权分置改革以后 A 股市场的股价信息含量对企业的投资股价—敏感性有显著的正向影响，证实了我国证券市场反馈作用的存在。杨继伟（2011）发现，富含信息的股价能够更好地引导企业进行资源配置，有效降低企业投资对现金流的敏感程度，提高企业的资源配置效率。

2.3　文献述评

从国外的卖空机制研究文献来看，在探讨卖空与企业投融资行为之间的关系时，通常将卖空机制视作来自证券市场的基于交易的治理机制，更为重要的是，在探讨卖空这种治理机制对投融资行为的作用机理与影响路径时，一般是从卖空的供应面（卖空机制的引入、卖空约束的放松以及可供出借的股票数量等）和卖空的需求面（实际的卖空行动、卖空交易量等）两个视角展开的。可以认为，从卖空的供应面作出的探索强调的是卖空的事前威慑效应。卖空的事前威慑效应的本质是只要引入卖空机制，即使卖空交易量不大，卖空也能在事前起到规制企业投融资行为的作用。其基本机理是，只要允许潜在的卖空者进入市场表达（负面）信息与观点，那么企业就会遭受因负面信息被揭示和扩散而导致股价下跌的威胁，从而给管理者带来财富伤害和职位安全等问题。在这种情况下，管理者不得不在事前作出反应，并约束可能采取的不良投融资行为。而从卖空的需求面作出的探索主要强调的是卖空的事后惩罚效应。一旦实施现实的卖空攻击，企业的股票价格甚至债券价格将会遭受现实打压，提高了其实际的资本成本，由此企业不得不在事后的财务决策中作出反应。因此，基于卖空的治理机制将起到事前威慑和事后惩罚的效应，且这两种效应均会对企业的投融资行为产生影响。鉴于我国卖空机制引入时间不长且卖空交易量也很小的现实，从卖空的事前威慑的角度针对我国企业的投融资行为作出研究尤为重要。而且，国外针对卖空对企业投融资行为影响的研究多基于准自然实验（如美国 2005~2007 年放松卖空交易价格测试法案）。基于准自然实验的研究，不仅有助于检验卖空的事前威慑是否发挥了作用，而且还有助于在研究中解决内生性问题。我国于 2010 年 3 月试行的融资融券制度为本书的研究提供了基于准自然实验的研究机会。

从国内的研究文献来看，国内学者对卖空的研究主要集中于市场定价效率和市场稳定性等方面，尤其是随着我国融资融券制度的推行，卖空机制的引入，国内学者已经进行了较为深入的探讨，且多发现卖空机制的引入确实提高了中国股票市场的定价效率进而影响了投资者在证券市场的资源配置。但针对卖空机制的引入，对于企业层面资源配置的影响研究才刚刚起步，尤其是结合我国特定制度背景的研究还较为有限。

企业融资已有相关研究表明，融资成本的不同会影响企业的融资方式进而影响企业的资本结构。在企业投资的研究中发现，一方面股价可以通过影响股权融资进而影响企业投资，证实"股权融资渠道"的存在，但对股价波动对于债务资本成本影响的研究还较为缺乏。当企业面临融资约束时，会限制企业的投资，降低企业的投资效率，资本市场上股价的高估能够缓解企业的融资约束，优化企业的投资。另一方面股价还可以通过证券市场的反馈作用影响管理者从股价中学习信息作出投资决策的判断，目前国内学者虽然发现我国证券市场存在反馈效应，但对股价通过证券市场反馈作用引导企业资源配置的研究尚不全面。

因此，本书将在我国证券市场特定的卖空机制制度背景下，基于我国上市公司特定的公司治理结构特征，并结合企业的融资约束、股价高估等异质性企业特征，从卖空的事前威慑所带来的治理效应出发，探索和检验卖空机制的引入对企业投融资行为以及资源配置的作用机理和实际效果，进而就我国融资融券的实施对实体经济的资源配置所产生的政策效果作出评估，并为进一步完善我国融资融券制度和公司治理提出具有建设性的政策建议。

第3章 卖空的事前威慑、公司治理与企业融资行为

3.1 引言

目前，随着卖空理论研究的深入，国内外学者已经开始探讨卖空机制的引入能否通过对企业内部人产生约束作用而优化企业的财务决策并进而影响企业层面的资源配置。但从第2章中关于卖空机制与公司财务行为的已有研究可以看出，针对这一研究国内学者从企业的盈余管理、投资决策等角度初步探讨了卖空机制引入的影响（陈晖丽和刘峰，2014；靳庆鲁等，2015）。而且尽管卖空机制对于企业财务行为的影响研究已得到一定的关注，但对于企业财务行为中重要的且与资本市场密切相关的融资行为，目前国内学者尚未涉足。不仅如此，就国外关于卖空机制与企业融资行为关系的研究而言，国外学者也仅主要关注到卖空机制对企业融资成本的影响（Grullon et al.，2015；Erturk and Nejadmalayeri，2015；Wang，2014），除格鲁伦等（Grullon et al.，2015）对企业的外部融资问题有所涉及外，基本上未就卖空机制对企业融资行为的作用机理以及对外部融资的决策、融资方式选择和财务杠杆决定等影响作出直接的研究与检验。而融资对于企业的生存和发展有着至关重要的影响，也是资本市场的主要功能。从宏观层面来说，完善的资本市场是企业实现融资的重要保障，服务实体经济、提供融资是资本市场的重要使命，上市公司融资行为是否合理也将会影响证券市场能否有效发挥资源配置功能。从微观层面上来说，上市公司融资行为是否合理将直接影响企业的经营战略、

资本结构、内部治理和经营绩效等。鉴于此，本书在探索卖空机制对于企业层面的资源配置影响时将先关注公司的融资行为。

从现有的研究成果来看，卖空机制之所以能够对企业包括融资行为在内的财务行为以及资源配置产生实质性的影响，是因为卖空机制对企业来说是一种来自外部证券市场的基于（负面）信息传递和交易的治理机制，且这种治理机制可以通过卖空的事前威慑对企业的财务行为产生约束作用。也就是说，只要引入卖空机制，那么即使实际的卖空交易发生不多，卖空机制也有可能开始起到规制企业融资行为的作用，因为潜在的卖空行动可能会带来负面信息的大范围传播和股价下跌的压力，从而影响包括中小股东与债权人在内的外部投资者对企业风险的判断并引起预期的资本成本的上升，企业及其内部人不得不对这种卖空带来的治理效应作出事前反应，减少企业对外融资。所以问题的关键在于卖空机制的引入带来的事前威慑影响了外部投资者对于企业风险的判断，影响了企业的融资成本，因此，国外学者先关注到卖空机制如何影响企业的融资成本，王（Wang，2014）发现，企业面临的卖空威胁会带来股价下跌的压力，而企业外部的潜在投资者可能会将此视作负面信号，并要求更高的预期回报率，进而提升了企业的对外融资成本；埃蒂尔克和内贾德马莱耶（Erturk and Nejadmaleyeri，2015）发现，卖空者在股票市场上所揭示的关于企业价值的负面信息也会影响债权人的判断，从而使企业面临更高的债务资本成本；格鲁伦等（Grullon et al.，2015）利用美国卖空交易价格测试法案（*Regulation SHO*）发现，放松卖空约束会引起企业权益资本成本的增加，并使企业的权益发行减少，债务融资不受影响；邓和莫塔尔（Deng and Mortal，2016）则基于格鲁伦等（Grullon et al.，2015）的研究思路，利用国际数据进行检验发现，不同于美国数据的结论，对于新兴国家，卖空机制的引入主要是影响债务资本成本，企业债务融资显著减少，但权益融资的影响不显著。

在上述的研究中，尽管已有学者开始关注卖空机制与企业融资成本之间的关系，但截至目前还鲜有国内外的学者就卖空机制对权益融资、债务融资、融资方式的选择以及资本结构的具体作用机理以及影响程度作出直接考察，对于卖空机制是主要影响权益融资还是债务融资仍存在分歧。我国融资融券制度的推行为我们研究这个问题提供了一个难得的基于准自然实验的研究窗口。由于我国融资融券交易启动较晚，尤其是融券交易量较小，所以在这种情形下从卖空的事前威慑视角针对我国企业的融资行为作出直接检验更具有意义。而且不同于国外债务融资市场，我国企业债券市场不发达，企业大部分的债务融资主要是依赖商业银行借款，所以研究我国卖空机制的引入对于上市公司权益融资、债务融资、融资方式的选择以及资本结构的影响，还将有助于我们在我国特定的公司融资制度背景下，考察卖空机制的引入在约束我国上市公司融资行为方面的作用机理，从而有可能得出与西方成熟市场不同的结论。

我国证券市场融资融券制度的逐步推行，为研究卖空机制的引入对我国企业融资行为的影响创造了难得的准自然实验机会。本章基于这个准自然实验，选取截至 2014 年被选为融资融券标的的企业作为处理组，同时选取同样满足融资融券标的选取规则且为同一行业中资产规模最为接近的非融资融券标的的企业作为控制组，采用双重差分模型进行了实证检验。研究发现，与不允许卖空的企业相比，允许卖空的企业其新增的外部权益融资、债务融资以及外部融资总额均显著减少，且新增债务融资的减少程度要比新增外部权益融资的减少程度更高，企业在融资方式上仍倾向于权益融资，并引起了财务杠杆的下降。这些结果在那些内部治理水平较差或正向盈余管理程度较高的企业中得到了进一步的体现。这些检验结果意味着，尽管我国卖空机制的引入时间不长且实际的卖空交易量也很小，但卖空机制作为一种来自外部证券市场的治理机制正在发挥着事前的威慑作用，并通过弥补内部治理水平的不足而规制着企业的融资行为。

本章从卖空的事前威慑角度检验了卖空机制的引入对我国上市公司的融资行为是否已经产生了影响以及产生了何种程度的影响，并在此基础上进一步探讨卖空机制的引入能否弥补我国企业内部治理较弱的缺陷，交互地起到规制企业融资行为的功能。不仅为我国融资融券的实施对于上市企业的融资行为的影响提供了直观的证据，发现了在我国市场卖空机制的引入对于企业债务融资的影响程度更高，得出了与西方成熟市场不同的结论；而且还丰富了公司治理的理论与应用研究，发现卖空机制的引入还通过弥补我国企业传统内部治理水平的不足对企业的融资行为起到规制作用，同时本章的研究也为后续关于卖空机制的引入对于企业投资行为的影响研究奠定了基础。

3.2 理论分析和研究假设

与企业价值相关的信息在资本市场上的披露和扩散会影响外部投资者包括中小股东和债权人对于企业价值的判断，从而影响企业权益和债务融资成本，进而影响企业对外权益和债务融资规模、资本结构等融资决策。与卖空机制有关的研究结果表明，引入卖空机制之后，对于允许卖空的企业而言，卖空者具有进入市场表达所拥有的信息和观点的机会，由此企业将会面临负面信息被揭示和扩散而带来的股价下跌的潜在威胁。在我国上市公司大股东控制的股权结构以及中小投资者的利益得不到良好保护的制度环境下，引入卖空机制后所产生的这种事前威慑作用可能更大。因为控制大股东出于控制权的考虑不会频繁入市进行股票交易，由此股票市场的价格主要由中小股东的交易所决定，而在投资者利益得不到良好保护的制度背景下，中小股东对短期的股价变化可能更为敏感，所以一旦引入卖空机制后中小股东意识到其面临因允许卖空而带来股价下跌的威胁更大，那么其事前的反应（如要求更高的预期回报率）就会更为强烈。正因为如此，即使我国引入卖空机制的时间不长且卖空交易量也不大，但作为一种起到事前威慑作用的卖空机制可能已经在我国上市公司的公司治理中起到相应的约束作用。

具体地，卖空的事前威慑效应通过以下路径对我国企业的融资行为产生作用。首先，正如前面所述，由于卖空机制的引入可能会对企业价值造成负向冲击，所以这种潜在的威胁将直接增加股东所面临的风险，促使股东尤其是对价格下跌特别敏感的中小股东采取事前的行动，即通过提高所要求的回报率来抵补因允许卖空而带来的股价下跌风险。在这种情况下，企业不得不因权益资本成本的提高而减少权益的发行。其次，由于作为信息交易者的卖空者主要拥有的是关于企业价值的负面信息而不是影响股价变化的其他信息（Deshmukh et al.，2015），所以这些信息同时也会影响企业的包括债权人在内的其他利益相关者的判断。鉴于引入卖空机制后更有可能提前引发关于企业价值负面信息的披露，因而债权人通常将卖空机制的引入看作一种负面信号（Wang，2014），并同样地会在事前采取行动，即提高所要求的回报率（利率）来抵补所面临的额外风险（Erturk and Nejadmaleyeri，2015）。其结果导致企业同样地不得不因债务资本成本的提高而减少债务融资。总之，卖空机制的引入将导致企业所面临的融资成本上升，对外融资的总体水平也不得不相应下降，且这种结果并不依赖于实际的卖空攻击或实际的卖空交易量。由此，我们提出假设 H3 - 1。

H3 - 1a：与不允许卖空的企业相比，在卖空机制引入之后，允许卖空的企业其新增外部权益融资额将会减少。

H3 - 1b：与不允许卖空的企业相比，在卖空机制引入之后，允许卖空的企业其新增债务融资额将会减少。

H3 - 1c：与不允许卖空的企业相比，在卖空机制引入之后，允许卖空的企业其新增外部融资总额将会减少。

上述分析表明，作为一种能够起到事前威慑作用的治理机制——卖空机制的引入不仅会对外部权益融资产生影响，而且还会对债务融资产生影响。在此基础上，我们进一步考察卖空机制的引入对这两种融资方式的影响程度是否存在差异，并进而考察是否会由此而引起资本结构的改变。首先，已有的研究表明，企业债券市场相对权益市场更加缺乏流动性（Warga，1992），债券交易也远没有股票交易那么频繁，关于企业价值的信息难以迅速地在债券价格中得以反映。在这种情况下，债权人会更加关心违约风险，对可能会增加企业违约风险的负面信息更加敏感（Erturk and Nejadmaleyeri，2015）。更为重要的是，我国企业的大部分债务融资是通过向商业银行借贷获得的，而借贷市场的流动性比债券市场还要来得差，作为债权人的商业银行一旦签发贷款后很难根据未来的卖空行动所反映的企业负面信息作出及时调整。在这种情况下，我国借贷市场上的债权人对卖空机制的引入可能会更加敏感，并因借贷市场的流动性更差而承担了更大的未来负面信息披露后无法及时调整而面临的风险，由此就会在事前要求相对更高的风险溢酬，其结果使允许卖空的企业其债务资本成本的上升幅度会大于权益资本成本的上升幅度，相应地债务融资减少的程度可能会超过权益融资的减少程度。也就是说，引入卖空机制后，允许卖空的企业不仅外部融资的总体水平会趋于减少，而且在外部融资时可能更倾向于使用权益融资，并最终导致企业的财务杠杆趋于下降。其次，卖空者只有对那些股价被高估的企业进行卖空才能获得收益，而造成企业的股价被高估的一个重要原因是企业实施了不当行为但与该不当行为有关的负面信息还没有被揭露（Karpoff and Lou，2010）。由此，潜在的卖空者若想要寻找到卖空的机会并从卖空中获益，则就具有内在的激励去挖掘企业是否还有没有被外部资本市场发现和揭露的不当行为，而潜在的卖空者挖掘企业不当行为最直接的线索就是企业的财务信息。在这种情况下，如果一个企业的财务杠杆越高可能意味着其面临更高的陷入财务困境的风险、更大的资金链断裂风险和破产风险，更有可能发生"资产替代"行为，更有可能发生控股大股东侵害债权人利益的不当行为，所以这样的企业更容易被潜在的卖空者关注，增加企业遭受实际卖空攻击的可能性，使企业面临更大的卖空威胁。由此允许卖空的企业为了避免被卖空者盯上，减少被卖空的可能性，就会主动地合理化包括财务杠杆决策在内的行为，例如主动降低财务杠杆。由此我们得到假设 H3 - 2。

H3 - 2a：与不允许卖空的企业相比，在卖空机制引入之后，允许卖空的企业其在新增外部融资时将更倾向于使用权益融资。

H3 - 2b：与不允许卖空的企业相比，在卖空机制引入之后，允许卖空的企业其财务杠杆将下降。

进一步地，我们有理由认为，引入卖空机制之后，那些内部治理水平较差的企业更容易受到潜在卖空者的关注并可能面临更大的遭受卖空攻击的可能性。这是因为，一方面卖空机制的引入为潜在的卖空者提供了发掘企业负面信息的激励，内部治理水平较差的企业因可能面临更多的潜在负面信息而更容易被卖空者盯上；另一方面内部治理较差的企业其信息透明度通常较差，对于负面信息的披露更不充分（黎文靖和孔东民，2013），内外部人之间的信息不对称程度也相对较大，在这种情形下卖空机制引入后，卖空者通过挖掘负面信息并进行卖空而实现负面信息披露所带来的潜在利益也就越大，由此内部治理水平较差的企业更容易被卖空者盯上而遭受潜在的卖空攻击。因此，一旦引入卖空机制，内部治理水平较差的企业将面临更大的卖空的事前威慑，从而假设 H3 - 1 和假设 H3 - 2 的理论预期将会在这些企业中得到更充分的体现，由此我们得到假设 H3 - 3。

H3 - 3： 那些内部治理水平较差的企业，在卖空机制引入后，相比其他企业，其新增的外部权益融资额、债务融资额、外部融资总额的减少程度以及财务杠杆的下降程度更大。

同样，我们可以认为，引入卖空机制之后，那些正向盈余管理程度较高的企业更容易受到潜在卖空者的关注并可能面临更大的遭受卖空攻击的可能性。这是因为，首先，企业内部人出于自身私利的原因而具有盈余管理的内在需要，而较差的内部治理水平将为企业内部人实施盈余管理提供更大的便利，正如许多研究成果所表明的，企业较高的盈余管理程度经常与较差的内部治理水平相联系（Dechow et al.，1995），既然内部治理较差的企业越容易被卖空者盯上，那么也就有理由认为，盈余管理程度较高的企业也越易被卖空者盯上。其次，由于盈余管理主要通过改变企业的实际盈余在不同会计期间的反映和分布来扭曲企业财务信息，而卖空者主要是通过针对企业财务信息的分析来发现做空机会，所以盈余管理程度越高的企业，其财务信息的扭曲程度越高，也就越易引起卖空者的关注。最后，更为重要的是，由于卖空者更为关注的是价值被高估的企业并从找到卖空的机会，所以那些出于种种原因试图抬升企业估值而进行正向盈余管理的企业也就更容易受到潜在卖空者的关注并可能面临更大的遭受卖空攻击的可能性。因此，一旦引入卖空机制，那些盈余管理尤其是正向盈余管理程度较高的企业将遭受到更大的卖空事前威慑，从而假设 H3 - 1 和假设 H3 - 2 的理论预期将会在这类企业中得到更充分的体现，由此我们得到假设 H3 - 4。

H3 - 4： 那些正向盈余管理程度较高的企业，在卖空机制引入后，相比其他企业，其新增外部权益融资额、债务融资额、外部融资总额的减少程度以及财务杠杆的下降程度更大。

3.3 样本选择与研究设计

3.3.1 样本选择

为了便于细致地考察卖空机制的引入对我国上市公司融资行为的影响，我们采用沪深两市 A 股上市公司的季度财务数据进行研究。鉴于我国于 2006 年进行了会计制度改革并且于 2010 年引入融资融券制度，所以为了能够保持财务数据的一致性且为了能够对融资融券制度引入前后的融资行为作出合理的比较检验，我们选取了 2007 年第一季度至 2015 年第一季度作为研究的样本期间。

根据中国证监会和沪深交易所发布的《融资融券交易实施细则》通知，我国融资融券制度自 2010 年 3 月 31 日开始实施，首批选取了 90 家企业进入试点，随后又进行了四次扩容，使融资融券标的从最初的 90 家扩容至 900 家。由于最近一次融资融券标的扩容时间为 2014 年 9 月 22 日，截至 2015 年第一季度仅有政策实施后两季度的数据，为此我们仅将前四批融资融券标的作为处理组样本。此外，我们在截至 2015 年第一季度从没有成为融资融券标的的沪深两市其他上市公司中挑选控制组样本。为了控制处理组与控制组之间的政策选择偏差和企业特征差异，我们根据沪深两市发布的《融资融券交易实施细则》所涉及的流通市值、过去 3 个月相对于基准指数的日均换手率、日均涨跌幅平均值的偏离值、波动幅度等标准，在非融资融券标的的企业中挑选满足上述标准，且与处理组对应样本属于同一行业、企业规模最为接近的企业作为控制组样本。

在此基础上，我们还基于以下原则剔除了部分样本：（1）剔除金融行业企业；（2）剔除 ST 样本；（3）剔除 2007 年之后上市的样本；（4）剔除曾经被调出融资融券名单的样本；（5）剔除资产负债率大于 1 或者小于 0 的异常值；（6）剔除融资融券政策实施当期季度数据；（7）剔除缺失值。经上述处理后，我们得到的融资融券标的的企业共有 447 家。然而，由于部分行业中非融资融标的数目较少，所以无法为所有融资融券标的找到配对样本，我们最终在 447 家标的企业中仅能为其中的 382 家企业找到可配对的非融资融券标的企业。鉴于此，我们选取可进行配对的 382 个融资融券标的的企业作为最终的处理组样本，而相应的 382 个可配对的非融资融券标的的企业作为最终的控制组样本，具体配对样本数据如表 3 – 1 所示。在本书设定的样本期间中，我们共获得 23520 个企业季度数据。为了控制极端值的影响，对模型涉及的变量均按 1% 的标准进行了缩尾（winsorize）处理。本书所有的财务数据均来源于国泰安数据库（CSMAR），融资融券标的的企业的数据来自沪深交易所网站。

表 3 – 1   融资融券标的的及其配对结果   单位：家

项目	融资融券标的总数	新增标的	未配对前新增有效标的	配对样本
第一次（2010 年 3 月 31 日）	90	90	45	43
第二次（2011 年 12 月 5 日）	278	189	109	96
第三次（2013 年 1 月 31 日）	500	276	195	176
第四次（2013 年 9 月 16 日）	700	206	98	67
第五次（2014 年 9 月 22 日）	900	205	—	—
总计	2468	—	447	382

注：（1）"未配对前新增有效标的"是指在现有的 900 家融资融券标的的公司中依据上述的样本筛选标准，也即剔除金融业的样本、ST 样本、2007 年以后上市的样本、曾经被调出融资融券标的名单的样本以及第五批试点样本，前四批各批的新增有效标的共有 447 家；（2）在 447 家融资融券标的的样本中依据上述配对标准可以找到配对样本的为 382 家。

资料来源：沪深交易所融资融券标的的统计。

3.3.2   研究设计

本书在就卖空的事前威慑与企业融资行为的关系作出实证检验时，将基于我国实施融资融券制度而带来的准自然实验研究机会，采用双重差分法（DID）作为基本的统计方法。具体而言，由融资融券制度的推行而引入的卖空机制对企业投融资行为的影响有横向和纵向两个维度。从横向角度来看，可比较融资融券制度推行后可卖空企业（即融资融券标的的企业）和不可卖空企业（非融资融券标的的企业）的投融资行为差异，但这种比较没有考虑到这两类企业在融资融券政策颁布前的投融资行为差异。从纵向的角度来看，可比较可卖空企业在融资融券制度推行后与推行前的投融资行为差异，但这种比较没有考虑到不可卖空企业在融资融券制度推行前后的投融资行为的变化。不难看出，仅从横向或纵向维度分析政策的实施效果均存在一定的问题，而双重差分法可以较好地解决这些问题，分离出时间效应和政策效应，得到政策实施的净效应。

因此，本书基于融资融券制度推行这个准自然实验而划分处理组和控制组，具体划分方法见前面的"样本选择"。此外，为了更加细致地考察企业的融资行为，同时也出于样本数量的考虑，我们使用季度数据做出实证检验。

针对假设 H3 – 1 的检验，我们构建实证模型，即：

$$
\begin{aligned}
\Delta Y_{i,t} = {} & \alpha_0 + \alpha_1 Treatment_i \times Post_t + \alpha_2 Size_{i,t-1} + \alpha_3 Levb_{i,t-1} + \alpha_4 Roa_{i,t-1} \\
& + \alpha_5 Q_{i,t-1} + \alpha_6 Tang_{i,t-1} + \alpha_7 First_{i,t-1} + \alpha_8 Soe_{i,t-1} + \sum_t Quarter_t \\
& + \sum_i Industry_i + \varepsilon_{i,t} \qquad\qquad\qquad\qquad\qquad (3-1)
\end{aligned}
$$

其中，被解释变量 ΔY 是衡量企业新增的各类外部融资额的指标，包括 ΔE 季度新增外部权益融资额即"吸收权益性投资收到的现金/期初总资产"，ΔD 为季度新增外部债务融资额即"（发行债券收到的现金 + 取得借款收到的现金 – 偿还债务支付的现金）/期初总资产"，DEF 为季度新增外部融资总额即"ΔE 与 ΔD 两者之和"。Treatment 为是否为融资融券标的企业的虚拟变量，若是融资融券标的（即处理组样本），赋值为 1，而非融资融券标的的企业（即控制组样本）则赋值为 0。Post 为成为融资融券标的的前后的虚拟变量，未被选为融资融券标的的之前的季度赋值为 0，而成为融资融券标的的之后的季度则赋值为 1。同时，参照已有的相关研究（刘端和陈收，2009），我们还控制了影响企业新增外部融资的其他因素，包括企业规模 Size（季度总资产的自然对数）、账面杠杆 Levb（总负债/总资产的账面价值）、盈利能力 Roa（季度总资产净利率）、成长性 Q（季度市账比）、有形资产比例 Tang（季度的固定资产净额与存货之和/期末总资产）、第一大股东持股比例 First、股权性质 Soe（国有企业赋值为 1，否则为 0）等因素。Quarter 和 Industry 分别用来控制季度和行业的固定效应，下标 i 和 t 表示第 i 企业第 t 季度，ε 为随机误差项。此

外，在式（3 - 1）中，我们主要关注的是引入卖空机制解释变量 Treatment ×
Post 的回归系数 α_1，该系数反映了处理组样本在允许卖空后其新增外部融资
额的变化与控制组样本之间的差异。若假设 H3 - 1 成立，回归系数 α_1 显著
为负，意味着与控制组样本相比，处理组中的融资融券标的企业在卖空机制
引入后显著地减少了外部权益融资、债务融资以及外部融资总额。详细的变
量定义和描述如表 3 - 2 所示。

表 3 - 2　　　　　　　　　　　模型中各变量的具体定义

	变量	具体定义
被解释变量	ΔE	新增外部权益融资额：季度吸收权益性投资收到的现金/期初总资产
	ΔD	新增外部债务融资额：季度（发行债券收到的现金 + 取得借款收到的现金 - 偿还债务支付的现金）/期初总资产
	DEF	新增外部融资额：由 ΔE + ΔD 计算得到
	dum_equity	融资方式的虚拟变量：在外部融资总额 DEF > 0 的样本，若 ΔE > 0，ΔD ≤ 0 则认为公司为权益融资样本，赋值为 1；若 ΔE ≤ 0，ΔD > 0 则认为公司为债务融资样本，赋值为 0
	Levb	账面资产负债率：总负债/总资产的账面价值
	Levm	市值资产负债率：总负债/总资产的市场价值
解释变量	Treatment	是否为融资融券标的公司虚拟变量：融资融券标的的为处理组样本，赋值为 1；非融资融券标的的为控制组样本，赋值为 0
	Post	成为融资融券标的的前后的虚拟变量：之前赋值为 0，否则为 1
	High	反映公司治理水平和盈余管理程度的虚拟变量：在被选为融资融券标的前公司治理指数排在行业后 1/3 赋值为 1，反之为 0；可操控性应计排在行业前 1/3 的赋值为 1，反之为 0
控制变量	Size	季度总资产的自然对数
	INlevb	季度行业账面资产负债率均值
	INlevm	季度行业市值资产负债率均值
	Roa	盈利能力：季度总资产净利率
	Q	公司的成长性：季度市账比
	Tang	有形资产比例：季度的（固定资产净额 + 存货）/期末总资产
	First	公司股权集中度：季度第一大股东持股比例
	Soe	反映公司股权性质的虚拟变量：国有企业赋值为 1，否则为 0

为了检验假设 H3 - 2a，我们构建检验模型，目的是考察在引入卖空机制

后处理组样本与控制组样本之间在融资方式的选择上是否存在差异，即：

$$
\begin{aligned}
\text{dum\_equity}_{i,t} = {} & \alpha_0 + \alpha_1 \text{Treatment}_i \times \text{Post}_t + \alpha_2 \text{Size}_{i,t-1} + \alpha_3 \text{Levb}_{i,t-1} \\
& + \alpha_4 \text{Roa}_{i,t-1} + \alpha_5 Q_{i,t-1} + \alpha_6 \text{Tang}_{i,t-1} + \alpha_7 \text{First}_{i,t-1} \\
& + \alpha_8 \text{Soe}_{i,t-1} + \sum_t \text{Quarter}_t + \sum_i \text{Industry}_i + \varepsilon_{i,t} \quad (3-2)
\end{aligned}
$$

具体地，我们分别在处理组与控制组样本中选取外部融资总额 DEF > 0 的样本，并引入反映融资方式的虚拟变量 dum_equity，若 $\Delta E > 0$，$\Delta D \leq 0$ 则认为企业为权益融资样本，赋值为 1；若 $\Delta E \leq 0$，$\Delta D > 0$ 则认为企业为债务融资样本，赋值为 0。式（3-2）中的其他变量与式（3-1）相同。如果引入卖空机制的解释变量 Treatment × Post 与被解释变量 dum_equity 呈显著的正相关性，即 α_1 显著为正，那么就意味着引入卖空机制后，与控制组样本相比，处理组中的融资融券标的企业在外部融资时更倾向于使用权益融资，即假设 H3-2a 成立。

进一步地，针对假设 H3-2b 的检验，我们构建了实证模型，以检验在引入卖空机制后处理组和控制组样本在财务杠杆方面的差异，即：

$$
\begin{aligned}
\text{Lev}_{i,t} = {} & \alpha_0 + \alpha_1 \text{Treatment}_i \times \text{Post}_t + \alpha_2 \text{Size}_{i,t-1} + \alpha_3 \text{INlev}_{i,t-1} \\
& + \alpha_4 \text{Roa}_{i,t-1} + \alpha_5 Q_{i,t-1} + \alpha_6 \text{Tang}_{i,t-1} + \sum_t \text{Quarter}_t \\
& + \sum_i \text{Industry}_i + \varepsilon_{i,t} \quad\quad\quad\quad\quad\quad\quad\quad\quad (3-3)
\end{aligned}
$$

其中，被解释变量 Lev 是衡量企业财务杠杆的指标，具体包括按账面价值计算的资产负债率 Levb 和按市场价值计算的资产负债率 Levm（即"总负债/总资产的市场价值"），其中，总资产的市场价值 = 总负债的账面价值 + 流通股数 × 股价 + 未流通股数 × 每股净资产。在控制变量的选取中，我们参照国内外相关研究考虑了企业规模 Size、盈利性 Roa、成长性 Q、有形资产比例 Tang 等指标，还参考了顾乃康等（2007）的做法，选取了衡量产业因素的行业平均财务杠杆水平 INlev[①]，包括行业的账面平均资产负债率 INlevb 和市值平均

---

① 本书按照 2012 年中国证监会颁布的行业代码进行行业划分，其中，制造业按二级分类划分，其他行业按一级分类进行划分。

资产负债率 INlevm。在此，我们同样关注的是引入卖空机制的解释变量 Treatment×Post 的回归系数 α_1；如果假设 2b 成立，那么回归系数 α_1 将显著为负，且意味着与控制组相比，处理组中的融资融券标的企业在允许卖空后显著地降低了财务杠杆。

在验证假设 H3-3 和假设 H3-4 时，我们需要合理地选取反映企业内部治理水平和正向盈余管理程度的指标。首先，我们使用主成分分析法构建反映企业在成为融资融券标的前企业内部治理水平的测度指标。根据公司治理研究的相关成果（白重恩等，2005；张学勇和廖理，2010），我们选取股权结构指标（第一大股东持股比例、股权制衡指标即"第二至五大股东持股比例/第一大股东持股比例"）、股权性质指标（第一大股东是否为国有股东的虚拟变量且是国有股东定义为 1，否则为 0）、控股股东行为指标（关联交易比例即"向关联方销售产品及提供劳务金额加上向关联方采购产品及接受劳务金额/期末总资产"）、管理层治理指标（管理层持股比例、董事长与总经理是否两职合一的虚拟变量且两职合一定义为 1，否则为 0）、董事会治理指标（董事会规模、独立董事比例）、外部市场竞争指标（市场份额即"该企业营业收入/行业总营业收入"）等六大类指标通过主成分分析，并取第一大主成分得分作为反映企业内部治理水平的指标。我们的统计结果表明，第一大主成分的载荷系数的符号基本与理论预测符号相同，且第一主成分得分越高表示企业的内部治理水平越好[①]。在此基础上，我们采用虚拟变量 High 来衡量内部治理水平的好坏，也即在被选为融资融券标的前，其内部治理水平指标在行业中排后 1/3 的赋值为 1，反之为 0，也即 High 赋值为 1 的企业可以被认为是内部治理水平相对较差的企业。

[①] 主成分分析法的统计结果表明，就第一大主成分而言，第一大股东持股比例的载荷系数为 -0.5367；股权制衡指标的载荷系数为 0.5441；第一大股东是否为国有股东虚拟变量的载荷系数为 -0.4064；关联交易比例的载荷系数 -0.0411；管理层持股比例的载荷系数为 0.4161；董事长与总经理是否两职合一虚拟变量的载荷系数为 0.2190；董事会规模的载荷系数 -0.1158；独立董事比例的载荷系数 0.0668；市场份额的载荷系数为 -0.1003。其中，管理层持股比例、董事长与总经理是否两职合一虚拟变量与内部治理水平之间关系的统计结果与张学勇和廖理（2010）一致，其他一些指标与内部治理水平之间关系的统计结果也与国内相关研究一致（白重恩等，2005）。因此，我们所得到的第一大主成分得分与反映内部治理水平的各指标之间的关系符合理论预期，且第一大主成分得分越高意味着内部治理水平越高。

另外，我们选取了在国内外的相关研究中经常采用的可操控性应计利润来反映企业的正向盈余管理程度（Healy and Wahlen，1999；林舒和魏明海，2000）。本书依据经修正的 Jones 模型分季度分行业回归测定出可操控性应计利润水平，即：

$$\frac{TA_{it}}{Asset_{i,t-1}} = \alpha_1 + \alpha_2 \frac{1}{Asset_{i,t-1}} + \alpha_3 \frac{\Delta SALE_{it} - \Delta AR_{it}}{Asset_{i,t-1}} + \alpha_4 \frac{PPE_{it}}{Asset_{i,t-1}} + \varepsilon_{it}$$

$$(3-4)$$

其中，TA 为总应计项即营业利润与经营活动现金净流量之差；Asset 为总资产的账面价值；$\Delta SALE$ 为销售收入变动额；ΔAR 为应收账款变动额；PPE 为固定资产净值。其余符号与式（3-1）相同。利用式（3-4）分季度分行业回归后所得到的回归残差即为可操控性应计利润。可操控性应计利润越高，意味着企业进行了正向盈余管理且对外公布的企业盈余水平越高。在此基础上，我们构建一个虚拟变量 High 来反映企业通过正向盈余管理操纵企业利润的相对大小，即在被选为融资融券标的前，企业的可操控性应计在行业中排前 1/3 的赋值为 1，反之为 0。可以认为，High 赋值为 1 的企业可被视作正向盈余管理程度相对较高的企业。

在上述针对企业内部治理水平和正向盈余管理程度作出合理测度的基础上，我们构建了检验假设 H3-3 与假设 H3-4 的实证模型，即：

$$\begin{aligned}
\Delta Y_{i,t} = {}& \alpha_0 + \alpha_1 Treatment_i \times Post_t + \alpha_2 Treatment_i \times Post_t \times High + \alpha_3 Size_{i,t-1} \\
& + \alpha_4 Levb_{i,t-1} + \alpha_5 Roa_{i,t-1} + \alpha_6 Q_{i,t-1} + \alpha_7 Tang_{i,t-1} + \alpha_8 First_{i,t-1} \\
& + \alpha_9 Soe_{i,t-1} + \sum\nolimits_t Quarter_t + \sum\nolimits_i Industry_i + \varepsilon_{i,t} \quad (3-5)
\end{aligned}$$

$$\begin{aligned}
Lev_{i,t} = {}& \alpha_0 + \alpha_1 Treatment_i \times Post_t + \alpha_2 Treatment_i \times Post_t \times High + \alpha_3 Size_{i,t-1} \\
& + \alpha_4 INLev_{i,t-1} + \alpha_5 Roa_{i,t-1} + \alpha_6 Q_{i,t-1} + \alpha_7 Tang_{i,t-1} \\
& + \sum\nolimits_t Quarter_t + \sum\nolimits_i Industry_i + \varepsilon_{i,t} \quad (3-6)
\end{aligned}$$

其中，交乘项 $Treatment_i \times Post_t \times High$ 反映了内部治理水平较差的企业或正向盈余管理程度较高的企业在引入卖空机制后与其他企业的融资行为差异。其他变量均与式（3-1）和式（3-3）相同。若假设 H3-3 和假设 H3-4 成立，则式（3-5）和式（3-6）中的回归系数 α_2 将显著为负，这意味着内部治理水平较差的企业或正向盈余管理程度较高的企业，在允许卖空后所遭受的卖空事前威慑更大，其融资行为受到的影响程度也更大，也即其新增的外部权益融资、债务融资以及外部融资总额的减少程度以及财务杠杆的降低程度也将更大。

3.4 实证检验与结果分析

3.4.1 描述性统计结果与分析

我们首先针对总体样本的所有变量进行了描述性统计和相关性分析，如表3-3所示，可以看出，我国上市公司新增外部权益融资均值为0.006，新增外部债务融资均值为0.008，新增外部融资总额均值为0.014，可见，从整体上来看，我国企业的融资方式中还是依赖于债务融资。其次针对处理组样本和控制组样本分类的各主要连续变量进行了描述性，如表3-4所示，从表3-4可以看出，由融资融券标的企业组成的处理组样本在整个样本期间要比由非融资融券标的企业组成的控制组样本显示出企业规模较大、盈利性较好，成长性较强、财务杠杆较低的特征。这与沪深两市发布的《融资融券交易实施细则》对融资融券标的的选取规则一致，即我国优先选择了规模较大、流动性较好的企业作为融资融券的试点企业。各变量的相关性系数如表3-5所示。

表3-3　　　　　　　　　　总样本变量描述性统计结果

变量	样本量	均值	标准差	最小值	中位数	最大值
ΔE	23520	0.006	0.030	-0.010	0.000	0.233
ΔD	23520	0.008	0.044	-0.122	0.000	0.180
DEF	23520	0.014	0.055	-0.120	0.001	0.281
Levb	23520	0.535	0.192	0.086	0.553	0.907
Levm	23520	0.330	0.205	0.016	0.297	0.831

续表

变量	样本量	均值	标准差	最小值	中位数	最大值
Size	23520	22.204	1.259	19.520	22.055	25.781
Roa	23520	0.011	0.018	-0.043	0.008	0.080
Q	23520	1.701	1.567	0.165	1.224	9.105
Tang	23520	0.451	0.182	0.058	0.443	0.859
First	23520	0.359	0.156	0.083	0.339	0.750
Soe	23520	0.647	0.478	0.000	1.000	1.000

表 3 - 4　　　　　　　　处理组和控制组样本变量描述性统计结果

变量	处理组		控制组		均值差异
	样本量	均值	样本量	均值	
ΔE	11889	0.007	11631	0.004	0.002 ***
ΔD	11889	0.009	11631	0.008	0.001 **
DEF	11889	0.016	11631	0.012	0.003 ***
Levb	11889	0.521	11631	0.549	-0.028 ***
Levm	11889	0.313	11631	0.347	-0.034 ***
Size	11889	22.619	11631	21.780	0.840 ***
Roa	11889	0.014	11631	0.007	0.007 ***
Q	11889	1.869	11631	1.530	0.339 ***
Tang	11889	0.441	11631	0.461	-0.020 ***
First	11889	0.362	11631	0.356	0.006 ***
Soe	11889	0.642	11631	0.652	-0.010

注：（1）处理组和控制组分别由按前文设定的标准选取的融资融券标的企业和非融资融券标的企业组成；（2）*** 、** 、* 分别表示显著性水平为1%、5%、10%。

3.4.2　回归统计结果与分析

针对假设 H3 - 1 的检验实质上检验的是在引入卖空机制前后处理组与控制组的外部融资行为变化是否存在显著差异，为此我们采用式（3 - 1）回归统计，在检验中先控制了季度与行业的固定效应，其结果如表 3 - 6 所示。从表 3 - 6 可以看出，无论使用新增外部权益融资 ΔE、新增债务融资 ΔD，还是

表 3 - 5

各变量相关系数

变量	ΔE	ΔD	DEF	Levb	Levm	Size	Roa	Q	Tang	First	Soe
ΔE	1.000										
ΔD	-0.051 ***	1.000									
DEF	0.547 ***	0.777 ***	1.000								
Levb	-0.054 ***	0.120 ***	0.066 ***	1.000							
Levm	-0.047 ***	0.088 ***	0.042 ***	0.769 ***	1.000						
Size	0.029 ***	0.074 ***	0.068 ***	0.367 ***	0.600 ***	1.000					
Roa	0.026 ***	-0.023 ***	-0.001	-0.281 ***	-0.306 ***	0.039 ***	1.000				
Q	0.016 **	-0.056 ***	-0.033 ***	-0.474 ***	-0.727 ***	-0.483 ***	0.304 ***	1.000			
Tang	-0.057 ***	0.004	-0.031 ***	0.301 ***	0.300 ***	0.170 ***	-0.154 ***	-0.238 ***	1.000		
First	-0.024 ***	0.037 ***	0.018 ***	0.100 ***	0.107 ***	0.239 ***	0.086 ***	-0.075 ***	0.145 ***	1.000	
Soe	-0.025 ***	0.009	-0.008	0.124 ***	0.205 ***	0.242 ***	-0.064 ***	-0.188 ***	0.065 ***	0.180 ***	1.000

注：***、**、*分别表示显著性水平为 1%、5%、10%。

表 3 - 6 卖空机制的引入与新增外部融资的回归统计结果

变量	新增外部融资		
	(1)	(2)	(3)
	ΔE	ΔD	DEF
Treatment × Post	− 0. 0014 * (− 1. 88)	− 0. 0022 ** (− 2. 40)	− 0. 0029 ** (− 2. 38)
Size	0. 0006 * (1. 69)	0. 0028 *** (6. 53)	0. 0029 *** (4. 62)
Levb	0. 0140 *** (8. 35)	− 0. 0026 (− 1. 01)	0. 0150 *** (4. 36)
Roa	0. 0853 *** (4. 57)	− 0. 0542 * (− 1. 78)	0. 0468 (1. 22)
Q	0. 0021 *** (6. 45)	0. 0017 *** (4. 04)	0. 0042 *** (7. 17)
Tang	− 0. 0010 (− 0. 69)	0. 0047 * (1. 76)	0. 0046 (1. 41)
First	− 0. 0039 ** (− 2. 52)	0. 0075 *** (2. 99)	0. 0050 (1. 50)
Soe	− 0. 0013 ** (− 2. 62)	− 0. 0006 (− 0. 73)	− 0. 0019 * (− 1. 88)
常数项	− 0. 0132 * (− 1. 82)	− 0. 0607 *** (− 6. 30)	− 0. 0631 *** (− 4. 69)
季度	控制	控制	控制
行业	控制	控制	控制
观测值	21741	21741	21741
Adj. R²	0. 0149	0. 0217	0. 0249

注：（1）括号内为经过 White 修正的 t 值，且为了控制自相关问题在企业层面进行了聚类 cluster 处理；（2） *** 、 ** 、 * 分别表示显著性水平为1%、5%、10%。

使用新增外部融资总额 DEF 作为被解释变量，解释变量 Treatment × Post 的回归系数至少在10%的水平下显著为负。也就说，在引入卖空机制后，与控制组样本相比，处理组中的融资融券标的企业在平均意义上季度新增外部权益融资减少了0.14%［见表3 - 6 中列（1）］，季度债务融资减少了0.22%［见表3 - 6 中列（2）］，而季度外部融资总额减少了0.29%［见表3 - 6 中列

（3），即年度外部融资总额减少了约 1.16%]，这与假设 H3 - 1 的理论预期是一致的。这意味着，尽管卖空机制引入我国的时间不长且卖空交易量也很低，但作为一种来自外部证券市场的事前威慑力量已经在约束企业的融资行为方面产生了显著的作用。此外，从表 3 - 6 第（1）列和第（2）列的结果对比可以看出，对我国上市公司而言，卖空机制的引入对债务融资的约束程度要比对外部权益融资的约束程度来得大，这也为假设 H3 - 2 提供了初步的证据。

针对假设 H3 - 2a 的检验其目的是考察在引入卖空机制后处理组与控制组之间融资方式选择是否存在差异，为此我们使用式（3 - 2）回归统计，在检验中控制了季度与行业的固定效应。鉴于反映融资方式的变量 dum_equity 是一个二元变量，所以为了稳健起见，我们分别使用 Logit、Probit 两种统计方进行统计分析，其结果如表 3 - 7 所示。从表 3 - 7 可以看出，在两种回归统计方法下，反映引入卖空机制的解释变量 Treatment × Post 其回归系数均在 5% 的水平上显著为正。这表明，在引入卖空机制后，与控制组样本相比，处理组中的融资融券标的企业在外部融资时更倾向于权益融资。这个结果与假设 H3 - 2a 的理论预期是一致的。

表 3 - 7　　　　　　　　卖空机制的引入与融资方式的回归统计结果

变量	融资方式	
	（1）Logit	（2）Probit
	dum_equity	dum_equity
Treatment × Post	0. 3080 **	0. 1680 **
	(2. 21)	(2. 36)
Size	0. 2800 ***	0. 1410 ***
	(5. 48)	(5. 39)
Levb	- 0. 5520 *	- 0. 2410
	(- 1. 87)	(- 1. 63)
Roa	15. 7000 ***	8. 1070 ***
	(4. 98)	(4. 96)
Q	0. 2600 ***	0. 1380 ***
	(5. 87)	(5. 88)

续表

变量	融资方式	
	（1）Logit	（2）Probit
	dum_equity	dum_equity
Tang	−1.1990 ***	−0.5800 ***
	（−4.33）	（−4.14）
First	−0.7410 **	−0.3710 **
	（−2.50）	（−2.49）
Soe	0.0170	0.0010
	（0.20）	（0.02）
常数项	−8.0540 ***	−4.2460 ***
	（−7.02）	（−7.21）
季度	控制	控制
行业	控制	控制
观测值	8902	8902
Pseudo R^2	0.0926	0.0909

注：（1）括号内为经过 White 修正的 t 值，且为了控制自相关问题在企业层面进行了聚类 cluster 处理；（2）*** 、** 、* 分别表示显著性水平为1%、5%、10%。

在此基础上，我们使用式（3-3）检验卖空机制的引入是否会引起财务杠杆的下降即假设 H3-2b。在回归中我们分别使用季度账面财务杠杆 Levb 与市值财务杠杆 Levm 作为被解释变量，并同样地控制了季度和行业固定效应，具体的统计结果如表 3-8 所示。从表 3-8 可以发现，交乘项 Treatment × Post 的回归系数均在 1% 的水平上显著为负，也就是说，引入卖空机制后，与控制组相比，处理组中的融资融券标的企业的季度账面财务杠杆平均下降 3.93%〔见表 3-8 列（1）〕，而季度市值财务杠杆平均下降 5.18%〔见表 3-8 列（2）〕。该统计结果与假设 H3-2b 的理论预期相符。此外，表 3-8 所揭示的其他控制变量的结果中企业规模、盈利性、成长性与黄贵海和宋敏（2004）的研究一致，有形资产比例与肖作平（2004）的研究一致，行业杠杆与顾乃康等（2007）的研究相一致。总之，表 3-6 与表 3-8 的统计结果进一步证实了作为来自外部证券市场的治理机制——卖空机制确实已经在约束企业的融资行为方面产生了重要作用。更为重要的是，其结果表明，在我国债权人比股东对卖空机制的引入更为敏感，这可能与我国上市公司多使用银行借贷这种融资方式有关。由于借贷市场的流动更差，所以债权人对引入卖空机制后可能遭受的负面信息被披露及其股价下跌的威胁更为敏感，从而在事前要求更高的预期回报率以弥补这种风险，其结果导致企业新增债务融资的减少额相对更大，且在外部融资时更倾向于使用权益融资，并最终引起财务杠杆的下降。

表3-8　　　　　　　卖空机制的引入与财务杠杆的回归统计结果

变量	(1)	(2)
	Levb	Levm
Treatment × Post	- 0. 0393 *** (- 4. 39)	- 0. 0518 *** (- 6. 85)
Size	0. 0388 *** (8. 17)	0. 0616 *** (19. 29)
INlevb	0. 5530 *** (9. 68)	
INlevm		0. 4040 *** (12. 12)
Roa	- 2. 6150 *** (- 11. 56)	- 2. 3640 *** (- 18. 71)
Q	- 0. 0431 *** (- 10. 20)	- 0. 0775 *** (- 31. 26)
Tang	0. 1870 *** (6. 48)	0. 1070 *** (5. 94)
常数项	- 0. 6310 *** (- 5. 60)	- 1. 0440 *** (- 14. 30)
季度	控制	控制
行业	控制	控制
观测值	21741	21741
Adj. R^2	0. 4360	0. 7500

　　注：（1）括号内为经过 White 修正的 t 值，且为了控制自相关问题在企业层面进行了聚类 cluster 处理；（2）*** 、** 、* 分别表示显著性水平为1% 、5% 、10% 。

前面针对假设 H3-1 和假设 H3-2 的检验结果表明，卖空机制作为一种外部的治理机制已经在约束企业的融资行为方面发生了作用。由于卖空机制的本质是通过释放关于企业价值的负面信息而产生股价下跌的威胁并进而矫正企业的融资行为，所以我们有理由相信卖空机制作为一种事前的威慑机制，将对那些内部治理较差的企业或正向盈余管理程度较高的企业的新增外部融资行为产生更大的影响。为此，我们使用式（3-5）和式（3-6）针对假设 H3-3 和假设 H3-4 作出回归统计，其结果如表 3-9 和表 3-10 所示。

表 3-9　　　　　　　　按内部治理水平与正向盈余管理程度分层时

卖空机制引入与新增外部融资的回归结果

变量	按内部治理水平分层			按正向盈余管理程度分层		
	（1）	（2）	（3）	（4）	（5）	（6）
	ΔE	ΔD	DEF	ΔE	ΔD	DEF
Treatment × Post	-0.0014 * (-1.93)	-0.0022 ** (-2.42)	-0.0030 ** (-2.39)	-0.0012 (-1.57)	-0.0019 ** (-2.09)	-0.0024 * (-1.95)
Treatment × Post × High	-0.0019 * (-1.79)	-0.0023 * (-1.85)	-0.0037 ** (-2.28)	-0.0023 ** (-2.30)	-0.0040 *** (-2.93)	-0.0065 *** (-3.69)
Size	0.0007 ** (2.01)	0.0029 *** (6.63)	0.0031 *** (4.87)	0.0006 * (1.71)	0.0029 *** (6.57)	0.0029 *** (4.68)
Levb	0.0142 *** (8.30)	-0.0031 (-1.20)	0.0148 *** (4.24)	0.0139 *** (8.30)	-0.0029 (-1.12)	0.0147 *** (4.26)
Roa	0.0833 *** (4.46)	-0.0573 * (-1.87)	0.0421 (1.09)	0.0836 *** (4.48)	-0.0573 * (-1.88)	0.0415 (1.08)
Q	0.0022 *** (6.72)	0.0017 *** (4.09)	0.0045 *** (7.39)	0.0021 *** (6.43)	0.0016 *** (3.95)	0.0042 *** (7.12)
Tang	-0.0011 (-0.75)	0.0046 * (1.72)	0.0045 (1.34)	-0.0010 (-0.70)	0.0046 * (1.75)	0.0046 (1.40)
First	-0.0039 ** (-2.51)	0.0079 *** (3.11)	0.0053 (1.58)	-0.0040 *** (-2.61)	0.0076 *** (3.02)	0.0049 (1.49)
Soe	-0.0013 *** (-2.68)	-0.0006 (-0.78)	-0.0020 * (-1.93)	-0.0013 *** (-2.66)	-0.0006 (-0.75)	-0.0020 * (-1.92)

续表

变量	按内部治理水平分层			按正向盈余管理程度分层		
	（1）	（2）	（3）	（4）	（5）	（6）
	ΔE	ΔD	DEF	ΔE	ΔD	DEF
常数项	−0.0176 **	−0.0547 ***	−0.0620 ***	−0.0148 **	−0.0533 ***	−0.0575 ***
	（−2.42）	（−5.61）	（−4.50）	（−2.07）	（−5.57）	（−4.28）
季度	控制	控制	控制	控制	控制	控制
行业	控制	控制	控制	控制	控制	控制
观测值	21741	21741	21741	21741	21741	21741
Adj. R^2	0.0151	0.0221	0.0253	0.0125	0.0217	0.0244

注：（1）括号内为经过 White 修正的 t 值，且为了控制自相关问题在企业层面进行了聚类 cluster 处理；（2）*** 、** 、* 分别表示显著性水平为 1%、5%、10%。

表 3 – 10   按内部治理水平与正向盈余管理程度分层时卖空
机制引入与财务杠杆回归结果

变量	按内部治理水平分层		按正向盈余管理程度分层	
	（1）	（2）	（3）	（4）
	Levb	Levm	Levb	Levm
Treatment × Post	−0.0369 ***	−0.0524 ***	−0.0356 ***	−0.0495 ***
	（−3.48）	（−5.92）	（−3.99）	（−6.53）
Treatment × Post × High	−0.0094	−0.0055	−0.0343 **	−0.0250 **
	（−0.63）	（−0.45）	（−2.52）	（−2.16）
Size	0.0390 ***	0.0611 ***	0.0391 ***	0.0616 ***
	（8.16）	（18.75）	（8.23）	（19.26）
INlevb	0.5270 ***		0.5500 ***	
	（8.85）		（9.54）	
INlevm		0.4070 ***		0.4030 ***
		（12.18）		（12.05）
Roa	−2.5730 ***	−2.3360 ***	−2.6220 ***	−2.3710 ***
	（−11.47）	（−18.57）	（−11.59）	（−18.75）
Q	−0.0441 ***	−0.0777 ***	−0.0435 ***	−0.0778 ***
	（−10.36）	（−30.87）	（−10.28）	（−31.23）
Tang	0.1970 ***	0.1070 ***	0.1870 ***	0.1070 ***
	（6.81）	（5.91）	（6.49）	（5.92）
常数项	−0.6210 ***	−1.0480 ***	−0.6280 ***	−1.0580 ***
	（−5.47）	（−14.15）	（−5.57）	（−14.55）

续表

变量	按内部治理水平分层		按正向盈余管理程度分层	
	（1）	（2）	（3）	（4）
	Levb	Levm	Levb	Levm
季度	控制	控制	控制	控制
行业	控制	控制	控制	控制
观测值	21741	21741	21741	21741
Adj. R^2	0.4410	0.7500	0.4370	0.7500

注：（1）括号内为经过 White 修正的 t 值，且为了控制自相关问题在企业层面进行了聚类 cluster 处理；（2）*** 、** 、* 分别表示显著性水平为 1%、5%、10%。

　　针对假设 H3 - 3 即按内部治理水平分层时，卖空机制的引入与企业新增外部融资之间关系回归结果如表 3 - 9 列（1）至列（3）所示，而卖空机制的引入与企业财务杠杆之间关系的回归结果如表 3 - 10 列（1）与列（2）所示。结果表明，在使用主成分法测定企业内部治理水平下，新增的外部权益融资 ΔE、债务融资 ΔD 以及外部融资总额 DEF 与交乘项 Treatment × Post × High 均至少在 10% 的水平呈显著的负相关性，这表明在平均意义上，与内部治理水平较好的企业相比，内部治理水平较差的企业在引入卖空机制后其外部权益融资多下降了 0.19%，债务融资多下降了 0.23%，外部融资总额多下降了 0.37%。但从账面财务杠杆 Levb 和市值财务杠杆 Levm 与交乘项 Treatment × Post × High 的回归结果来看，尽管回归系数为负但并不显著，这表明，虽然债务融资似乎比外部权益融资下降的程度更大，但卖空机制的引入未能引起内部治理较差的企业其财务杠杆在统计意义上有更显著的降低。这些统计结果基本支持了假设 H3 - 3。

　　针对假设 H3 - 4 即按企业正向盈余管理程度分层时，卖空机制的引入与企业新增外部融资之间关系的回归结果如表 3 - 9 列（4）至列（6）所示，而卖空机制的引入与企业财务杠杆之间关系的回归结果如表 3 - 10 列（3）至列（4）所示。结果表明，在使用可操控性应计来反映企业的正向盈余管理程度时，新增的外部权益融资 ΔE、债务融资 ΔD 以及外部融资总额 DEF 与交乘项 Treatment × Post × High 均至少在 5% 的水平呈显著的负相关性，这表明，与正向盈余管理程度较低的企业相比，在引入卖空机制后正向盈余管理程度较高的企业其外部权益融资多下降了 0.23%，债务融资多下降了 0.40%，外部融资总额多下降了 0.65%。此外，账面财务杠杆 Levb 和市值财务杠杆 Levm 与交乘项 Treatment × Post × High 的回归系数也均在 1% 的水平下显著为负，这意味着，与那些正向盈余管理程度较低的企业相比，在引入卖空机制后正向盈余管理程度较高的企业其账面财务杠杆多下降了 3.43% ，市值财务杠杆多下降了 2.50% 。这些统计结果支持了假设 H3 – 4。

综上所述，表 3 – 9 与表 3 – 10 中的统计结果表明，卖空机制的引入已经对那些内部治理水平较差或者正向盈余管理程度较高的企业的融资行为产生了显著的规制作用，迫使其进一步降低了新增的外部权益融资、债务融资以及外部融资总额，但对于财务杠杆的作用结果尚不稳定，仅发现正向盈余管理程度较高的企业其财务杠杆得以进一步显著下降。

3.5 稳健性检验

3.5.1 改变计量方法和样本

首先，我们针对书中所采用的统计方法进行了稳健性检验。在前面的检验中，我们采用了控制行业和时间固定效应，并在企业层面采用了聚类处理（cluster firm）的统计方法。在此，我们使用固定效应模型，同时控制时间固定效应，并重新作出检验。在此，我们列示卖空机制的引入与新增外部融资之间的稳健性检验结果，如表 3 – 11 所示。不难看出，该统计结果与前面一致，仍然支持假设 H3 – 1。

表 3 – 11　　采用 FE 模型下卖空机制引入与新增外部融资的稳健性检验结果

变量	新增外部融资		
	(1)	(2)	(3)
	ΔE	ΔD	DEF
Treatment × Post	− 0.0019 * (− 2.01)	− 0.0024 * (− 1.94)	− 0.0042 *** (− 2.98)
Size	− 0.0068 *** (− 6.71)	− 0.0024 (− 1.59)	− 0.0119 *** (− 6.18)

续表

变量	新增外部融资		
	（1）	（2）	（3）
	ΔE	ΔD	DEF
Levb	0.0420 ***	− 0.0516 ***	0.0012
	（10.90）	（− 10.20）	（0.18）
Roa	0.1080 ***	− 0.0911 **	0.0326
	（5.08）	（− 2.54）	（0.74）
Q	0.0031 ***	0.0029 ***	0.0063 ***
	（6.34）	（4.66）	（7.89）
Tang	− 0.0059 **	0.0078 *	0.0024
	（− 2.06）	（1.66）	（0.42）
First	0.0090	0.0502 ***	0.0679 ***
	（1.60）	（5.59）	（5.99）
Soe	0.0005	0.0033	0.0039
	（0.29）	（1.35）	（1.11）
常数项	0.1210 ***	0.0620 *	0.2320 ***
	（5.80）	（1.95）	（5.71）
企业	控制	控制	控制
季度	控制	控制	控制
观测值	21741	21741	21741
Adj. R^2	0.0224	0.0294	0.0313

注：（1）括号内为经过 White 修正的 t 值；（2） ***、**、* 分别表示显著性水平为 1%、5%、10%。

其次，本章针对所选取的处理组和控制组样本进行稳健性检验。在前面使用 DID 方法作出检验时，我们针对处理组和控制组的样本按照融资融券政策的选取标准以及所属行业、企业规模等维度进行了一一配对，在此我们使用处理组与控制组的全样本进行稳健性检验。其中，处理组样本为 447 个，控制组样本为 804 个（即将所有的截至 2015 年第一季度末从未成为融资融券标的的 A 股上市公司均纳入，剔除金融行业、ST、2007 年以后上市的样本）。为了控制融资融券制度试行时的样本选择偏差问题，除了原先的控制变量外，我们还将与融资融券政策试点标准有关的变量作为控制变量纳入回归统计分析。这些控制变量包括换手率〔Turover，即企业股票季度日均换手率/基准指数（上证或深证）日均换手率〕、涨跌幅偏离值（Changeratio，即企业股票季度日均涨跌幅平均值—基准指数（上证或深证）日均涨跌幅平均值）、波动幅度 [Volatility，即企业股票季度日均波动幅度/基准指数（上证或深证）日均波动幅度]、且使用流通市值的自然对数来反映公司规模（Logmv）。鉴于篇幅原因，我们仅列示了全样本下卖空机制的引入与新增外部融资之间的稳健性检验结果，如表 3 - 12 所示。不难看出，该统计结果与前面研究所得出的结果是一致的，仍然支持假设 H3 - 1。

表 3 - 12　采用全样本下卖空机制引入与新增外部融资的稳健性检验结果

变量	新增外部融资		
	（1）	（2）	（3）
	ΔE	ΔD	DEF
Treatment × Post	− 0. 0024 ***	− 0. 0030 ***	− 0. 0055 ***
	（ − 3. 86）	（ − 3. 57）	（ − 4. 93）
Logmv	0. 0015 ***	0. 0032 ***	0. 0045 ***
	（6. 00）	（7. 69）	（8. 29）
Levb	0. 0119 ***	− 0. 0002	0. 0151 ***
	（10. 26）	（ − 0. 11）	（6. 03）
Roa	0. 0794 ***	− 0. 0100	0. 0838 ***
	（6. 07）	（ − 0. 44）	（2. 91）
Q	0. 0011 ***	− 0. 0003	0. 0015 ***
	（6. 06）	（ − 1. 21）	（3. 98）
Tang	− 0. 0002	0. 0035 *	0. 0038
	（ − 0. 21）	（1. 72）	（1. 44）
First	− 0. 0022 *	0. 0085 ***	0. 0073 **
	（ − 1. 82）	（3. 92）	（2. 57）
Soe	− 0. 0014 ***	− 0. 0006	− 0. 0023 **
	（ − 3. 50）	（ − 0. 93）	（ − 2. 56）
Turnover	0. 0011 ***	0. 0003	0. 0014
	（2. 88）	（0. 45）	（1. 59）
Changeratio	− 0. 0213	0. 0284	0. 0212
	（ − 0. 41）	（0. 33）	（0. 20）

续表

变量	新增外部融资		
	（1）	（2）	（3）
	ΔE	ΔD	DEF
Volatility	− 0.0010 ***	0.0000	− 0.0009
	（− 2.86）	（0.02）	（− 1.27）
常数项	− 0.0317 ***	− 0.0674 ***	− 0.0949 ***
	（− 5.46）	（− 7.21）	（− 7.93）
季度	控制	控制	控制
行业	控制	控制	控制
观测值	33471	33471	33471
Adj. R^2	0.0110	0.0161	0.0178

注：（1）括号内为经过 White 修正的 t 值，且为了控制自相关问题在企业层面上进行了聚类 cluster 处理；（2）*** 、** 、* 分别表示显著性水平为 1%、5%、10%。

最后，本章在前面检验时，为了更加细致地检验卖空机制的影响，采用上市公司的 2007 年第一季度到 2015 年第一季度的数据作为研究的样本。在此我们使用年度数据进行稳健性检验，选取上市公司 2007～2014 年作为研究的样本期间。鉴于篇幅原因，我们仅列示了年度数据下全样本时卖空机制的引入与新增外部融资之间的稳健性检验结果，如表 3 – 13 所示。不难看出，该统计结果与前面研究所得出的结果是一致的，仍然支持假设 H3 – 1。

表 3 – 13　　采用年度样本下卖空机制引入与新增外部融资的稳健性检验结果

变量	新增外部融资		
	（1）	（2）	（3）
	ΔE	ΔD	DEF
Treatment × Post	− 0.0127 ***	− 0.0136 *	− 0.0256 ***
	（− 2.96）	（− 1.83）	（− 3.32）
Size	− 0.0008	0.0132 ***	0.0119 ***
	（− 0.57）	（7.76）	（4.85）
Levb	0.0587 ***	0.0096	0.0749 ***
	（8.20）	（1.10）	（5.94）

续表

变量	新增外部融资		
	（1）	（2）	（3）
	ΔE	ΔD	DEF
Roa	0.2160 ***	0.1500 ***	0.3750 ***
	（7.70）	（4.39）	（7.81）
Q	0.0052 ***	0.0013	0.0079 ***
	（4.20）	（1.03）	（3.98）
Tang	− 0.0008	− 0.0015	− 0.0023
	（ − 0.12）	（ − 0.17）	（ − 0.20）
First	− 0.0106	0.0041	− 0.0059
	（ − 1.47）	（0.44）	（ − 0.44）
Soe	− 0.0048 **	− 0.0039	− 0.0102 **
	（ − 2.11）	（ − 1.31）	（ − 2.41）
常数项	0.0155	− 0.2820 ***	− 0.2600 ***
	（0.49）	（ − 7.52）	（ − 4.82）
季度	控制	控制	控制
行业	控制	控制	控制
观测值	7287	7287	7287
Adj. R^2	0.0288	0.0517	0.0453

注：（1）括号内为经过 White 修正的 t 值，且为了控制自相关问题在企业层面上进行了聚类 cluster 处理；（2） ***、**、*分别表示显著性水平为1%、5%、10%。

3.5.2 改变企业新增外部融资衡量指标

我们针对书中被解释变量的定义，通过改变新增的外部权益融资、外部债务融资以及外部融资总额的定义作出稳健性检验。在前面的检验中，我们采取现金流量表中的数据来测定了各类新增外部融资。在此，我们依据法玛和弗伦奇（Fama and French，2005）和吴超鹏等（2012）的研究，采用资产负债表中的相关数据重新作出定义，也即将季度新增外部权益融资 ΔE 定义为"股东权益改变量和留存收益改变量之差/期初总资产"，将季度新增债务融资 ΔD 定义为"短期借款、一年内到期的长期借款、长期借款、应付债券和长期应付款的增加值/期初总资产"，而季度新增外部融资总额 DEF 仍定义为"ΔE 与 ΔD 两者之和"。出于篇幅原因，我们仅列示了改变 ΔE、ΔD 和 DEF 的定义后假设 H3 – 1 和假设 H3 – 2a 的稳健性检验结果，如表 3 – 14 所示。不难看出，该统计结果与前面所得出的统计结果是一致的，仍支持假设 H3 – 1 和假设 H3 – 2a。

表 3 – 14　　　　　不同定义下卖空机制引入与新增外部融资及融资
方式的稳健性检验结果

变量	Panel A：新增外部融资			Panel B：融资方式	
	（1）	（2）	（3）	（1）Logit	（2）Probit
	ΔE	ΔD	DEF	dum_equity	dum_equity
Treatment × Post	– 0. 0025 ** （ – 2. 44）	– 0. 0028 ** （ – 2. 13）	– 0. 0049 ** （ – 2. 37）	0. 2830 *** （2. 60）	0. 1690 *** （2. 62）
Size	– 0. 0001 （ – 0. 28）	0. 0031 *** （6. 58）	0. 0028 *** （3. 79）	– 0. 1400 *** （ – 3. 54）	– 0. 0834 *** （ – 3. 57）
Levb	0. 0219 *** （8. 30）	0. 0008 （0. 28）	0. 0248 *** （5. 54）	– 1. 5420 *** （ – 7. 29）	– 0. 8980 *** （ – 7. 16）
Roa	0. 1450 *** （5. 06）	– 0. 0436 （ – 1. 34）	0. 1200 ** （2. 49）	26. 8100 *** （10. 87）	16. 0700 *** （10. 93）
Q	0. 0457 *** （8. 99）	0. 0021 *** （4. 47）	0. 0069 *** （8. 73）	0. 1890 *** （5. 35）	0. 1170 *** （5. 54）
Tang	– 0. 0037 （ – 1. 58）	0. 0021 （0. 75）	– 0. 0003 （ – 0. 08）	– 2. 0960 *** （ – 9. 78）	– 1. 2300 *** （ – 9. 73）
First	– 0. 0039 （ – 1. 62）	0. 0758 *** （2. 60）	0. 0039 （0. 94）	0. 1020 （0. 45）	0. 0490 （0. 37）
Soe	– 0. 0012 * （ – 1. 66）	– 0. 0005 （ – 0. 58）	– 0. 0019 （ – 1. 45）	0. 0022 （0. 03）	0. 0028 （0. 07）
常数项	– 0. 0029 （ – 0. 29）	– 0. 0673 *** （ – 6. 40）	– 0. 0683 *** （ – 4. 13）	3. 0590 *** （3. 42）	1. 7930 *** （3. 39）
季度	控制	控制	控制	控制	控制
行业	控制	控制	控制	控制	控制
观测值	21741	21741	21741	6287	6287
Adj. R²	0. 0249	0. 0177	0. 0285		
Pseudo R²				0. 1651	0. 1643

注：（1）括号内为经过 White 修正的 t 值，且为了控制自相关问题在企业层面进行了聚类 cluster 处理；（2）*** 、** 、* 分别表示显著性水平为 1% 、5% 、10% 。

3.5.3 改变财务杠杆衡量指标——采用有息负债率

我们使用有息负债率替代资产负债率来反映企业的财务杠杆即有息财务杠杆并进行稳健性检验。有息负债率能更好地衡量企业对有息债务的偿还能力，且该指标的使用也与前面稳健性检验中用资产负债表相关数据定义企业新增债务相一致，即这里的债务定义为有息债务。我们引入账面有息负债率 IBlevb（即"季度短期借款＋一年内到期的非流动负债＋长期借款＋应付债券＋长期应付款"／总资产的账面价值）与市值有息负债率 IBLevm（即"季度短期借款＋一年内到期的非流动负债＋长期借款＋应付债券＋长期应付款"／总资产的市场价值）。出于篇幅考虑，我们仅列示了卖空机制的引入与有息财务杠杆的稳健性检验结果，具体如表 3 – 15 所示。不难看出，该统计结果与前面研究所得出的结果是一致的，仍支持假设 H3 – 2b。

表 3 – 15　　　　卖空机制的引入与有息财务杠杆的稳健性检验结果

变量	(1)	(2)
	INlevb	INlevbm
Treatment × Post	− 0. 0289 ***	− 0. 0343 ***
	(− 3. 62)	(− 5. 27)
Size	0. 0247 ***	0. 0351 ***
	(5. 41)	(10. 79)
INlevb	0. 2480 ***	
	(4. 50)	
INlevbm		0. 2130 ***
		(7. 45)
Roa	− 2. 2480 ***	− 1. 7770 ***
	(− 12. 29)	(− 15. 36)
Q	− 0. 0373 ***	− 0. 0405 ***
	(− 11. 10)	(− 19. 63)
Tang	0. 1440 ***	0. 0919 ***
	(5. 52)	(5. 00)
常数项	− 0. 3580 ***	− 0. 6010 ***
	(− 3. 29)	(− 8. 10)

续表

变量	(1)	(2)
	INlevb	INlevbm
季度	控制	控制
行业	控制	控制
观测值	21741	21741
Adj. R²	0.4160	0.5780

注：（1）括号内为经过 White 修正的 t 值，且为了控制自相关问题在企业层面进行了聚类 cluster 处理；（2）***、**、*分别表示显著性水平为 1%、5%、10%。

3.5.4　改变企业内部治理水平和正向盈余管理程度衡量标准

我们通过改变衡量企业内部治理水平和正向盈余管理程度的虚拟变量 High 的赋值标准针对假设 H3 - 3 和假设 H3 - 4 作出稳健性检验。在前面的研究中，我们将衡量企业内部治理水平和正向盈余管理程度的虚拟变量 High 是按行业三分位值进行处理的，在此我们放松衡量标准，即按行业均值对虚拟变量 High 重新赋值，检验结果如表 3 - 16 和表 3 - 17 所示。经稳健性检验发现，企业的新增外部权益融资、债务融资以及外部融资总额的检验结果与前面所得出的结果是一致的，财务杠杆尽管仍体现出进一步下降的趋势，但没有显著性。这意味着，对内部治理水平较差或者正向盈余管理程度较高的企业来说，其关于各种新增外部融资水平的检验结果较为稳健，但关于财务杠杆的检验结果缺乏稳健性。

表 3 - 16　　按内部治理水平与正向盈余管理程度分层时卖空机制引入

与新增外部融资的稳健性检验回归结果

变量	按行业均值对内部治理水平分层			按行业均值对正向盈余管理程度分层		
	(1)	(2)	(3)	(4)	(5)	(6)
	ΔE	ΔD	DEF	ΔE	ΔD	DEF
Treatment × Post	- 0.0014 *	- 0.0021 **	- 0.0028 **	- 0.0011	- 0.0018 **	- 0.0022 *
	(- 1.88)	(- 2.31)	(- 2.34)	(- 1.49)	(- 2.00)	(- 1.80)

变量	按行业均值对内部治理水平分层			按行业均值对正向盈余管理程度分层		
	（1）	（2）	（3）	（4）	（5）	（6）
	ΔE	ΔD	DEF	ΔE	ΔD	DEF
Treatment × Post × High	−0.0008 *	−0.0031 **	−0.0033 *	−0.0025 **	−0.0041 ***	−0.0075 ***
	（−1.83）	（−2.43）	（−1.85）	（−2.44）	（−3.19）	（−4.21）
Size	0.0006 *	0.0029 ***	0.0029 ***	0.0006 *	0.0028 ***	0.0029 ***
	（1.75）	（6.58）	（4.67）	（1.73）	（6.55）	（4.66）
Levb	0.0139 ***	−0.0027	0.0149 ***	0.0139 ***	−0.0027	0.0149 ***
	（8.35）	（−1.05）	（4.35）	（8.33）	（−1.04）	（4.34）
Roa	0.0838 ***	−0.0549 *	0.0452	0.0836 ***	−0.0551 *	0.0437
	（4.53）	（−1.81）	（1.18）	（4.49）	（−1.81）	（1.14）
Q	0.0021 ***	0.0017 ***	0.0043 ***	0.0021 ***	0.0016 ***	0.0042 ***
	（6.47）	（4.08）	（7.21）	（6.43）	（3.97）	（7.13）
Tang	−0.0010	0.0047 *	0.0047	−0.0010	0.0046 *	0.0046
	（−0.69）	（1.79）	（1.44）	（−0.69）	（1.75）	（1.40）
First	−0.0039 **	0.0074 ***	0.0049	−0.0040 ***	0.0074 ***	0.0047
	（−2.54）	（2.97）	（1.48）	（−2.64）	（2.97）	（1.42）
Soe	−0.0013 ***	−0.0006	−0.0020 *	−0.0013 ***	−0.0006	−0.0020 *
	（−2.65）	（−0.81）	（−1.94）	（−2.66）	（−0.77）	（−1.94）
常数项	−0.0151 **	−0.0536 ***	−0.0582 ***	−0.0148 **	−0.0529 ***	−0.0571 ***
	（−2.13）	（−5.60）	（−4.31）	（−2.08）	（−5.54）	（−4.26）
季度	控制	控制	控制	控制	控制	控制
行业	控制	控制	控制	控制	控制	控制
观测值	21741	21741	21741	21741	21741	21741
Adj. R²	0.0148	0.0219	0.0251	0.0150	0.0220	0.0255

注：（1）括号内为经过 White 修正的 t 值，且为了控制自相关问题在企业层面上进行了聚类 cluster 处理；（2） *** 、 ** 、 * 分别表示显著性水平为 1% 、 5% 、 10% 。

表 3 - 17　　按内部治理水平与正向盈余管理程度分层时卖空机制

引入与财务杠杆的稳健性检验回归结果

变量	按行业均值对内部治理水平分层		按行业均值对正向盈余管理程度分层	
	(1)	(2)	(3)	(4)
	Levb	Levm	Levb	Levm
Treatment × Post	- 0.0385 *** (- 4.28)	- 0.0512 *** (- 6.76)	- 0.0386 *** (- 4.26)	- 0.0503 *** (- 6.65)
Treatment × Post × High	- 0.0117 (- 0.81)	- 0.0008 (- 0.07)	- 0.0080 (- 0.58)	- 0.0165 (- 1.44)
Size	0.0386 *** (8.12)	0.0612 *** (19.22)	0.0388 *** (8.17)	0.0615 *** (19.26)
INlevb	0.5430 *** (9.22)		0.553 *** (9.63)	
INlevm		0.4050 *** (12.15)		0.405 *** (12.16)
Roa	- 2.600 *** (- 11.58)	- 2.340 *** (- 18.63)	- 2.617 *** (- 11.55)	- 2.368 *** (- 18.74)
Q	- 0.0430 *** (- 10.14)	- 0.0773 *** (- 31.08)	- 0.0431 *** (- 10.21)	- 0.0776 *** (- 31.25)
Tang	0.1880 *** (6.51)	0.1070 *** (5.93)	0.1870 *** (6.47)	0.1070 *** (5.93)
常数项	- 0.6180 *** (- 5.47)	- 1.0500 *** (- 14.50)	- 0.6240 *** (- 5.54)	- 1.058 *** (- 14.56)
季度	控制	控制	控制	控制
行业	控制	控制	控制	控制
观测值	21741	21741	21741	21741
Adj. R^2	0.4350	0.7490	0.4360	0.7500

注：（1）括号内为经过 White 修正的 t 值，且为了控制自相关问题在企业层面上进行了聚类 cluster 处理；（2）*** 、** 、* 分别表示显著性水平为 1% 、5% 、10% 。

3.6　本章小结与讨论

本章以我国证券市场 2010 年 3 月 31 日推行的融资融券制度这一准自然

实验为研究窗口，通过合理选择非融资融券标的企业与融资融券标的企业进行配对，使用双重差分法检验了卖空机制的引入对企业新增外部融资行为以及财务杠杆的实际影响。通过研究发现，我国证券市场卖空机制的引入为潜在的卖空者提供了进入市场表达负面信息和观点的机会，从而使允许被卖空的企业面临了一种事前的威慑。这种卖空的事前威慑效应不仅影响了股东也影响了债权人对企业价值的判断，使企业及其内部人不得不对此作出理性的事前反应，并导致其新增的外部权益融资、债务融资以及外部融资总额均相应的下降了。我们还发现，与股东相比，债权人对卖空机制的引入及其所带来的事前威慑更为敏感，这可能与我国企业的债务融资多使用银行借贷有关；由于银行借贷市场的流动性更低，所以在我国，债权人面临的因卖空所带来的负面信息披露而产生的潜在风险更大并要求相对更高的风险溢酬，其结果在引入卖空机制之后，允许卖空的企业在对外新增融资时债务融资减少的程度要比权益融资减少的程度更大，企业更倾向于选择权益融资，并最终导致财务杠杆下降。这些研究结果意味着，尽管我国引入卖空机制的时间不长且卖空交易量也还很小，但作为一个来自证券市场的外部治理机制已经在优化融资决策方面显现出现实的事前威慑效应，进而促进了企业层面的资源有效配置。

进一步地，卖空机制作为一种来自外部证券市场基于（负面）信息传递和交易的治理机制的引入对完善我国企业的公司治理意义重大。在我国中小股东的利益得不到良好保护且企业的内部治理不够健全的背景下，卖空机制的引入提供了在证券市场上及时地、充分地释放关于企业价值负面信息以及由此而带来的打压估值的潜在机会，威胁到企业及其内部人的自身利益，从而迫使企业及其内部人不得不在现实的卖空行动实施之前采取措施约束其不良的财务行为，从而削弱了对中小股东利益的侵占。研究结果表明，那些内部治理水平较差或正向盈余管理程度较大的企业对卖空机制的引入以及由此而带来的卖空的事前威慑的敏感性更大，其新增对外融资水平遭受到更大的遏制。这意味着，卖空机制正成为我国公司治理结构中的一种重要规制力量，弥补着我国企业内部治理水平的不足。但遗憾的是，鉴于权益与债务资本成本面临测定上困难，所以我们没能就卖空机制的引入对企业权益和债务资本成本的影响作出直接检验，而是针对理论推论的结果即对企业新增权益和债务融资额进行了检验。因此，在未来我们将进一步探索权益与债务资本成本的合理测定方法，并作出深入的验证。

总之，卖空机制已成为我国上市公司的一种来自外部市场的重要治理机制，且正通过事前威慑效应的发挥而规制着企业的融资行为。

第4章 卖空机制的引入、企业投资与资源配置效率

4.1 引言

第3章中的研究表明，卖空限制使有关公司的负面消息难以及时反映到股价中，从而使股价只能反映乐观交易者的观点和信息，导致股价被高估。而卖空机制的引入使卖空者了解的公司负面信息得以表达，加快了股价对私人信息的调整速度，从而为股票市场提供了一种新的价格发现机制，提高了股票市场的定价效率（Diamond and Verrecchia，1987）。那么，正如有关企业投资的市场理论所指出的那样，资本市场上的错误定价会扭曲企业的投资行为，妨碍资本的有效配置，降低企业的资源配置效率（Barro，1990；Chirinko and Schaller，2007；Polk and Sapienza，2009）。既然卖空机制的引入能够提高资本市场定价效率，那么是否会矫正企业的投资行为，提高企业的资源配置效率？目前，随着卖空机制对于资本市场资源配置研究的深入，已有学者开始关注到卖空机制的引入是否会影响企业的投资水平和资源配置效率，研究其对公司投资水平的影响（Grullon et al.，2015；Deng and Mortal，2016），对公司并购活动的规制作用（Chang et al.，2015），对公司创新投资的激励作用（He and Tian，2014；Massa et al.，2015；权小锋和尹洪英，2017），对过度投资的约束作用（靳庆鲁等，2015），但可以看出，在企业资源配置效率的研究中大多数研究侧重于卖空的事前威慑通过对企业内部人产生约束作用所带来的治理效应，还鲜有学者研究卖空机制的事前威慑通过证

券市场的反馈作用来影响实体经济的资源配置。因此，本书在前人相关研究的基础上，补充证券市场对实体经济的反馈作用路径，对我国融资融券制度的推行所引入的卖空机制对公司投资水平和资源配置效率的影响途径和作用机理进行更加深入和全面的探讨。

从现有的证券市场的反馈作用（feedback effect）的研究成果来看，市场上的投资者通过交易行为将其所拥有的私人信息反映在股价中，管理者为了最大化公司价值在进行决策时有必要从股价中学习和获取这些自己所不知道的信息以优化企业的投资决策。因此，管理者可以从股价中了解这些信息并在投资决策时进行参考，所以股票价格能够引导企业进行投资决策（Dow and Gorton，1997；Subrahmanyam and Titman，1999；Chen et al.，2007）。正如米勒（Miller，1977）所指出的，卖空限制使有关公司的负面消息难以及时反映到股价中，从而使股价只能反映乐观交易者的观点和信息，导致股价被高估。而卖空机制的引入使卖空者了解的公司负面信息得以表达，从而矫正高估的股价，提高股价的信息含量，那么管理者就可以从更富有信息的股价中更好地了解和学习外部投资者所拥有的负面私人信息，从而调整其投资决策。邓和莫塔尔（Deng and Mortal，2016）利用 13 个国家的卖空数据，检验了卖空机制的引入对于企业投资行为的影响，指出管理者依赖股价来了解外部投资者所拥有的但自己却不知道的与企业相关的信息来进行投资决策，所以卖空机制的引入使有关企业价值的负面信息注入股价并矫正了高估的股价，由此管理者学习到这些负面信息从而调整了投资预期，降低了企业的投资水平，证实了卖空机制的引入影响企业投资的证券市场反馈作用路径。而且卖空约束的放松使股价的定价效率提高，更有信息效率的股价将更好地指导企业的投资决策，提高了企业的投资效率，改善了企业的资源配置。但也有学者认为，正是因为证券市场反馈作用的存在，卖空反而会降低股价的信息含量，并进而通过证券市场的反馈作用扭曲企业的投资决策，降低企业的资源配置效率。戈德斯坦和冈贝尔（Goldstein and Guembel，2008）指出，卖空者中存在一些不具有信息优势的噪音交易者，这些噪音交易者作为短期投资者，他们为了获利有可能会对股票进行恶意卖空，使公司股价下跌，管理者了解到股价的变动可能会取消能够创造价值的投资项目，使公司价值下降，股价进一步下跌，卖空者获利。这种没有信息的恶意卖空不仅会降低股价的信息含量，卖空者还通过操纵股价扭曲了企业投资决策，降低了企业的资源配置效率。但戈德斯坦和冈贝尔（Goldstein and Guembel，2008）所提出的卖空者的操纵发生时，需要实际的卖空交易量足够大，导致股价下跌的压力要大到能够影响公司的投资决策，导致公司能够取消有价值的投资项目，而目前我国的卖空交易量还十分有限，与成熟资本市场存在较大差距，卖空者难以通过操纵股价影响公司的投资，所以证券市场反馈作用的发挥主要是通过管理者的学习路径。

在上述的研究中可以看出，国外学者开始关注到证券市场的反馈作用来研究卖空机制对于企业投资水平和资源配置效率的影响，但国内学者的研究更多地仍然是从卖空事前威慑的治理效应出发，权小锋和尹洪英（2017）发现，卖空机制的约束作用能够显著提升公司的创新产出和创新效率，具有"创新激励效应"，靳庆鲁等（2015）发现，放松卖空管制后，当企业面临较差的投资机会时，可卖空企业的大股东有动机监督管理层及时调整投资决策，而对于证券市场的反馈作用的研究尚未涉足。因此，本章在卖空的事前威慑对企业的投资行为治理效应的研究基础上，进一步补充证券市场的反馈作用路径，对我国卖空机制的引入对公司投资水平和资源配置效率的影响途径和作用机理进行全面的分析和深入的探讨。

我国证券市场融资融券制度的逐步推行，为研究卖空机制的引入对我国企业投资水平和资源配置效率的影响创造了难得的"准自然实验"机会。本章基于此准自然实验，选取截至 2014 年被选为融资融券标的的企业作为处理组，同时选取满足融资融券标的选取规则且为同一行业中资产规模最为接近的非融资融券标的的企业作为控制组，采用双重差分模型进行了实证检验。研究发现，与不允许卖空的企业相比，允许卖空的企业其总资产的改变量、固定资产和无形资产投资支出、固定资产投资支出均显著的减少了，而且对于那些在融资融券政策实施前融资约束程度高和公司价值相对被高估的企业卖空机制的引入对于投资水平的影响程度更大。然后，继续对投资效率进行检验，发现卖空机制的引入导致的投资水平的下降是有效率的，与不允许卖空的企业相比，允许卖空的企业投资—成长机会的敏感性提高；卖空机制引入后引起的投资水平下降是抑制了企业的过度投资行为产生的，与不允许卖空的企业相比，允许卖空的企业过度投资减少；卖空机制引入后，企业当期的投资水平提升了后期的市场业绩。这些检验结果意味着，尽管我国卖空机制的引入时间不长且实际的卖空交易量也很小，但卖空机制作为一种来自外部证券市场的交易机制已经进一步对实体经济的投资决策及资源配置效率产生了实质性的影响。

本章从基于卖空的证券市场反馈作用的路径出发，先检验了卖空机制的引入是否对企业的投资水平产生了影响以及产生了何种程度的影响，并在此基础上进一步探讨卖空机制的引入能否提高企业的资源配置效率。不仅为我国融资融券的实施对于上市企业的投资行为和资源配置的影响提供了更加直观和丰富的证据，而且还有助于丰富证券市场反馈作用的研究，补充卖空机制对于企业投资行为的作用机理和影响路径，同时也为后续章节关于卖空机制的引入对于企业资源配置效率提高和公司价值的提升提供了初步的证据。

4.2　理论分析和研究假设

4.2.1　卖空机制的引入与企业投资水平

1977 年米勒指出，卖空限制使有关公司的负面消息难以及时反映到股价中，从而使股价只能反映乐观交易者的观点和信息，导致股价被高估，该理论被称为"高估假说"。那么如果引入卖空机制，使卖空者了解的公司负面信息得以表达，就能矫正高估的股价，使公司的股价回归内在价值。

因此，为了验证高估假说，国外学者先检验卖空机制的引入是否降低了高估的股价，发现卖空机制引入后确实矫正了高估的股价，使股价下跌。德特尔等（Diether et al.，2009）基于 2005 年美国证券交易委员会提供的权威数据检验发现，卖空者确实多以股价高估的股票为卖空标的，通过对这类标的企业增加卖空活动的频率，修正了高估的股价，卖空量每增加 1%，企业未来的平均月度累计股票回报率下降 0.94%。格鲁伦等（Grullon et al.，

2015）利用美国放松卖空交易价格限制的法案（*Regulation SHO*），将该法案挑中的试点企业作为处理组样本，其他企业作为控制组样本，针对两组样本在法案实施当天和之后的股票日常收益率进行了检验，发现在法案实施前1天，处理组的股票日常收益率为0.44%，控制组样本为0.49%，两者之间无显著差异；但在法案实施当天即事件发生日，处理组样本股票日常收益率为 -0.65%，控制组样本股票日常收益率为 -0.68%，股价开始下跌；法案实施10天后，处理组样本股票累计收益率为 -0.16%，而控制组样本仅为 -0.03%，处理组样本相比控制组样本的累计收益率值显著为负；这说明卖空约束放松后，允许卖空的企业由于有关企业价值的负面信息的注入并由此矫正了高估的股价。

同样地，还有学者针对我国证券市场融资融券制度的实施所带来的卖空机制的引入进行了检验，也发现卖空机制引入矫正了我国证券市场高估的股价。萨菲等（Sharif et al.，2014）利用我国融资融券制度的实施进行了检验，研究发现，在允许卖空的公告当天，允许卖空的融资融券标的公司股票日常收益率为 -0.41%，相比不允许卖空的非融资融券标的公司股票收益率为 -0.03%多下降了0.38%，公告后5天内，允许卖空的公司股票累计收益率为 -1.54% 相比不允许卖空的公司股票累计收益率为0.61%多下降了2.15%。随后，国内其他学者针对我国融资融券制度的实施也进行了大量研究，多数研究证实卖空限制导致了不能被卖空的股票被严重高估，融资融券制度的试行有助于矫正高估的股价（吕怀立等，2014；李科等，2014；李志生等，2015）。这说明，虽然我国证券市场的卖空交易量较小，但米勒提出的"高估假说"同样适用于我国证券市场，卖空机制的引入确实矫正了高估的股价。

那么正如前人研究所言，当存在卖空限制时，卖空交易者难以进入市场表达负面信息和观点，从而使证券价格只能反映乐观交易者的观点和信息，股价被高估。而引入卖空机制后，对于允许卖空的企业而言，卖空者具有了进入市场表达所拥有的负面信息和观点的机会，从而使允许被卖空的企业的负面信息被揭示和扩散而带来了股价的下跌，矫正了高估的股价，管理者从下跌的股价中学习到投资者拥有但自己却不知道的有关企业价值的负面私人信息（如竞争者、经济需求等），由此会调整其对公司价值的预期，在投资决策时参考这些信息，降低企业的投资水平。同时，股价的下跌还会带来企业融资成本的上升，由此也会有可能降低企业的投资水平。因此，我们提出假设 H4 – 1。

H4 – 1：与不允许卖空的企业相比，引入卖空机制后，允许卖空的企业其投资水平将会下降。

根据上面的理论分析可以看出，引入卖空机制后，对于允许被卖空的企业其负面信息被揭示和扩散而带来了股价的下跌，由此矫正了高估的股价，但股价的下跌也使企业融资成本上升，对外融资减少，进而使企业的投资水平也下降。那么，对于那些面临融资约束的企业，无异于"雪上加霜"，企业的投资水平将会受到更大影响。这是因为，按照融资优序理论，由于企业内外部人之间存在信息不对称，导致企业的对外融资成本较高，因而企业具有内源融资的偏好，企业的融资遵循内源融资—债务融资—权益融资的次序。当企业内源融资不足时，企业就会面临融资约束，需要寻求外部融资，如果外部融资成本过高，企业有可能会错过净现值的投资项目。当卖空机制引入后，不仅会影响股东也会影响债权人对企业价值的判断，使企业的权益资本成本和债务资本成本都上升，而且由于我国企业的债务相比权益更加缺乏流动性，使债权人对卖空机制的引入反应更大，由此导致债务融资成本上升的程度超过权益融资成本上升的程度（顾乃康和周艳利，2017）。在这种情况下，面临融资约束的企业，从外部筹集债务融资更加困难，由此将不得不放弃更多的投资支出。因此，我们提出假设 H4 – 2。

H4 – 2：相比融资约束低的企业，在融资融券政策实施前融资约束高的企业，在引入卖空机制后投资水平下降程度更大。

按照"高估假说"，卖空机制的引入允许卖空者进入市场表达所拥有的负面信息和观点，降低股价的高估，那么那些公司价值被高估的企业其投资水平下降的程度更大。这是因为，首先卖空者只有对那些股价被高估的企业进行卖空才能获益，所以价值被高估的企业更容易被潜在的卖空者盯上。其次卖空机制引入后，卖空者通过挖掘负面信息并进行卖空而实现负面信息的披露会带来潜在收益，由此卖空者对于股价高估的企业的负面信息挖掘和披露得更充分，使股价下跌的程度更大。因此，价值被高估的企业一方面负面信息的披露更充分，管理者可以从股价中了解到企业的更多负面信息从而更多地减少企业的投资；另一方面股价下跌的程度更大，使企业的融资成本提高程度更大，对企业投资水平的影响程度也更大。由此提出假设 H4 - 3。

H4 - 3：相比价值被低估的企业，在融资融券政策实施前价值被高估的企业，引入卖空机制后其企业投资水平下降程度更大。

4.2.2 卖空机制的引入与资源配置效率

在上一节中我们讨论了基于卖空的证券市场反馈作用所带来的企业投资水平的下降。那么这种投资水平的下降是否是有效率的，能否改善实体经济的资源配置效率，我们将在这一节中做出探讨。

（1）反馈效应路径：卖空制度的引入是否提高了企业投资水平——股价的敏感性。首先仍然从证券市场的反馈作用的理论出发，金融市场的主要作用之一是生产和加总信息，股票价格的基本功能之一就是指导资源配置。市场上的投资者通过交易行为将其所拥有的私人信息反映在股价中，管理者为了最大化公司价值在进行决策时有必要从股价中学习和获取这些自己所不知道的信息以优化企业投资决策（Chen et al., 2007）。卖空机制引入能为证券市场注入有关企业价值的（负面）私人信息并由此矫正高估的股价，提高股票的定价效率，当管理者看到股价下跌时，认为投资者知道一些有关企业的负面信息（如竞争者、经济需求等），所以管理者会考虑减少企业的投资，使企业的投资水平下降。而如果这种投资水平的下降是有效率的，那么企业投资水平将和未来的成长性之间具有更高的敏感性。这是因为卖空机制所带来使卖空者所了解的企业负面信息得以表达，加快了股价对私人信息的调整速度，提高了股票价格的信息含量，使股价更能反映公司的真实价值，管理者在依据股价作出投资决策时，可以获得更可靠的公司未来成长信息，由此作出更加合理的投资决策。因此，卖空机制引入后其投资水平与成长机会应该具有更高的敏感性。由此我们提出假设 H4 - 4。

H4 - 4：与不允许卖空的企业相比，引入卖空机制后，允许卖空的公司投资—成长机会的敏感性将提高。

（2）治理效应路径：卖空制度的引入是否抑制了企业的过度投资行为。上述的研究中，我们探讨了卖空机制对于投资—成长机会敏感性的影响，为了进一步检验卖空机制的引入对实体经济资源配置的影响，我们还将深入地探讨卖空机制引入后引起的投资水平下降是否是由于抑制了企业的过度投资行为而产生的。而关于这个问题的研究我们从卖空的事前威慑所带来的治理效应出发。学者们研究认为，放松卖空限制能够约束管理层的机会主义行为，只要引入卖空机制，即使卖空交易量不大，卖空也能在事前起到规制企业财务行为的作用。因为潜在的卖空行动可能会带来负面信息的大范围传播和股价下跌的压力，从而影响包括中小股东与债权人在内的外部投资者对企业风险的判断并引起企业资本成本的上升，同时还会威胁企业价值以及内部人的自身财富和工作安全，企业及其内部人不得不对这种卖空带来的治理效应作出事前反应，约束其采取不良财务行为的冲动，促进企业大股东及其管理层更加合理地配置资源。常等（Chang et al.，2015）探讨了卖空对企业并购活动的规制作用，发现由卖空供应量所产生的卖空事前威慑阻止了损害价值的并购行动、改善了并购决策的效率。他们还发现，这种卖空对并购行为的规制效应是通过管理者基于权益的奖赏机制以及可能成为敌意接管对象的威胁机制这两个路径产生作用的。因此，正是这种因卖空机制的引入而带来潜在的股价下跌的压力可能会使管理者基于股票的奖赏下降或面临因遭遇敌意接管而失去职位的可能性增大，因此，只要管理者关心个人财富和职位安全，那么卖空机制的引入就能够在事前制约管理者的不良投资行为，制约企业的过度投资。由此，我们提出假设 H4 - 5。

H4 - 5：与不允许卖空的企业相比，引入卖空机制后，允许卖空的公司过度投资将减少。

（3）资源配置效率：卖空制度的引入是否有助于提高企业未来市场业绩。综上所述，一方面从证券市场的反馈效应出发，卖空机制的引入降低了高估的股价，提高了股票市场的定价效率，增加了股价的信息含量，富含信息的股价可以更好地反映企业未来的成长机会，引导管理者作出更加合理的投资决策，提高投资—成长机会之间的敏感性，提升公司的资源配置效率；

另一方面从卖空的事前威慑的治理效应出发，卖空机制的引入所带来的股价下跌压力影响管理者的个人财富和职位安全，管理者不得不对这种卖空所带来的治理效应作出事前的反应，约束其采取不良投资行为的冲动，减少企业的过度投资，促进企业大股东及其管理层更加合理地配置资源，提高公司的资源配置效率。总之，如果假设 H4 - 4 和假设 H4 - 5 成立，那么至少给卖空机制的引入提升企业的资源配置效率提供了部分实证检验证据。

接下来，为了更加直接地检验卖空机制的引入给企业资源配置带来的影响，同时也为了进一步补充和完善实证检验证据。我们将直接验证企业的投资水平和未来的股票收益率之间的关系，如果由于卖空限制导致的股价之高估使企业错误地配置了财务资源，造成企业过度投资，而卖空机制引入后纠正了高估的股价减少了企业的过度投资，提高了企业资源配置效率。那么当前投资水平的下降，过度投资的减少将会带来企业未来股票累积收益率的提高，未来的股票累积收益率和当前的投资水平将呈负相关关系，对于允许卖空企业来讲，该负相关关系将更大。所以我们将进一步检验允许卖空的企业与不允许卖空的企业在下个季度的股票累积收益率对当前投资水平的敏感性的不同。由此，我们提出假设 H4 - 6。

H4 - 6：相比不允许卖空的企业，引入卖空机制后，允许卖空的企业其未来股票累积收益率和当前投资水平之间的负相关关系更大。

4.3　样本选择与研究设计

4.3.1　样本选择

这一章所使用的样本与第 3 章中的样本完全相同，仍然选取截至 2014 年被选为融资融券的企业作为处理组，同时选取满足融资融券标的选取规则且同一行业中资产规模最为接近的非融资融券标的企业作为控制组，处理组和控制组一一配对，并且采用企业的季度财务数据，然后按照相同的规则对样本进行筛选，但因为变量的不同，在本章中样本数目有所变化，我们共获得

24068 个公司季度数据。

4.3.2　卖空机制引入与企业投资水平检验的研究设计

针对假设 H4 - 1 的检验，我们构建实证模型，即：

$$INV_{i,t} = \alpha_0 + \alpha_1 Treatment_i \times Post_t + \alpha_2 Size_{i,t-1} + \alpha_3 Roa_{i,t-1}$$
$$+ \alpha_4 Q_{i,t-1} + \alpha_5 Lev_{i,t-1} + \alpha_6 Cashflow_{i,t}$$
$$+ \sum_t Quarter_t + \sum_i Industry_i + \varepsilon_{i,t} \qquad (4-1)$$

其中，被解释变量 INV 是衡量公司新增投资支出的指标，包括公司总资产的改变量 ΔTassets、新增固定资产和无形资产投资支出 Invest、新增固定资产投资支出 CAPX。Treatment 为是否为融资融券标的公司的虚拟变量；Post 为成为融资融券标的的前后的虚拟变量。同时，参照已有的相关研究（周业安和宋翔，2010），我们还控制了影响公司投资的主要因素，包括公司规模 Size、盈利能力 Roa、成长机会 Q、财务杠杆 Lev、当期现金流 Cashflow 等因素。此外，Quarter 和 Industry 分别用来控制季度和行业的固定效应，下标 i 和 t 表示第 i 企业第 t 季度，ε 为随机误差项，具体变量定义如表 4 - 1 所示。在式（4 - 1）中，我们主要关注的是引入卖空机制的解释变量 Treatment × Post 的回归系数 α_1，该系数反映了处理组样本在允许卖空后其投资水平的变化与控制组样本投资水平变化的差异。若假设 H4 - 1 成立，回归系数 α_1 显著为负，意味着与控制组样本相比，处理组中的融资融券标的公司在卖空机制引入后显著地降低了投资水平。

表 4 - 1　　　　　　　　　　各变量的具体定义

项目	变量	含义	计算方法
被解释变量	ΔTassets	总资产的改变量	季度（本期末总资产 - 上期末总资产）/期初总资产
	Invest	新增固定资产和无形资产投资	季度（本期末固定资产 + 在建工程 + 工程物资 + 无形资产）-（上期末固定资产 + 在建工程 + 工程物资 + 无形资产）/期初总资产
	CAPX	新增固定资产投资	季度（本期末固定资产 + 在建工程 + 工程物资）-（上期末固定资产 + 在建工程 + 工程物资）/期初总资产

续表

项目	变量	含义	计算方法
解释变量	Treatment	融资融券标的虚拟变量	融资融券标的（处理组样本），赋值为1；非融资融券标的（控制组样本）赋值为0
	Post	融资融券时点虚拟变量	融资融券标的之前的季度赋值为0，成为融资融券标的之后的季度则赋值为1
	FC	融资约束虚拟变量	非国有企业被认为是融资约束大的企业，赋值为1，国有企业为0。在被选为融资融券标的前SA指数大于行业均值的被认为是融资约束程度高的企业赋值为1，小于行业均值的为0
	High	公司价值高估虚拟变量	在被选为融资融券标的前可操控性应计和季度股票累计收益率大于行业均值的被认为是高估，赋值为1，否则为0
控制变量	Size	公司规模	季度总资产的自然对数
	Roa	盈利能力	季度总资产收益率
	Q	成长机会	季度TobinQ
	Lev	财务杠杆	季度总负债/总资产的账面价值
	Cashflow	现金流	季度经营性现金流/期初总资产

　　为了验证假设 H4-2，我们需要先选取合理的指标来反映企业的融资约束程度。目前，关于融资约束的衡量指标很多，主要分为两类：一类是单一指标，例如企业规模、是否国有、利息保障倍数等；另一类是综合指标，例如 KZ 指数、SA 指数、WW 指数等。我们分别选取了单一指标是否国有和综合指标 SA 指数，设置虚拟变量 FC 来衡量企业的融资约束程度。之所以不在单一指标中选取常用的规模，是因为我们国家在选取融资融券标的时主要偏向于大企业，允许卖空的企业和不允许卖空的企业在规模上已经存在较大差异，所以我们在单一指标利用企业股权性质是否国有来衡量融资约束程度。针对股权性质，国内相关研究（王彦超，2009）认为，与国有企业相比，我国民营企业面临更加严重的融资约束，所以可以认为，国有企业的融资约束程度相对较小，赋值为0，而非国有企业融资约束程度较大，赋值为1。然后

选取综合指标 SA 指数[①]来反映融资约束程度，引入卖空机制前企业的 SA 指数大于行业均值的认为是融资约束程度高的企业赋值为 1，小于行业均值的认为是融资约束低的企业，赋值为 0。然后构建了检验模型，即：

$$INV_{i,t} = \alpha_0 + \alpha_1 Treatment_i \times Post_t + \alpha_2 Treatment_i \times Post_t \times FC$$
$$+ \alpha_3 Size_{i,t-1} + \alpha_4 Roa_{i,t-1} + \alpha_5 Q_{i,t-1} + \alpha_6 Lev_{i,t-1} + \alpha_7 Cashflow_{i,t}$$
$$+ \sum_t Quarter_t + \sum_i Industry_i + \varepsilon_{i,t} \qquad (4-2)$$

其中，交乘项 $Treatment_i \times Post_t \times FC$ 反映了融资约束程度高的企业在引入卖空机制后其投资水平与融资约束程度低的企业的差异，其他变量均与式（4-1）相同。若假设 H4-2 成立，则式（4-2）中的回归系数 α_2 将显著为负，这意味着融资约束程度高的企业在允许卖空后融资约束的程度进一步加剧，其投资行为受到的影响程度也更大，即企业投资减少程度更大。

在验证假设 H4-3 时我们需要先选取合适的指标衡量公司股价被高估的程度。之前常用市账比来衡量公司价值是否被高估，但有学者指出，市账比也可以用于衡量公司的投资机会，而不仅仅是代表公司的高估程度，波克和萨皮恩克（Polk and Sapienza，2009）和赫舒拉弗等（Hirshleifer et al.，2011）指出，可操控性应计可以作为高估的衡量指标，因为经理人利用可操控性应计来进行盈余管理使公司利润被高估，因此，我们选取可操控性应计来作为高估的衡量指标，可操控性应计利用修正的 Jones 模型分季度分行业回归计算，具体算法为：

$$\frac{TA_{it}}{Asset_{i,t-1}} = \alpha_1 + \alpha_2 \frac{1}{Asset_{i,t-1}} + \alpha_3 \frac{\Delta SALE_{it} - \Delta AR_{it}}{Asset_{i,t-1}} + \alpha_4 \frac{PPE_{it}}{Asset_{i,t-1}} + \varepsilon_{it}$$
$$(4-3)$$

其中，TA 为总应计项即营业利润与经营活动现金净流量之差；Asset 为总资产的账面价值；$\Delta SALE$ 为销售收入变动额；ΔAR 为应收账款变动额；PPE 为

[①] 根据哈洛克和皮尔斯（Hadlock and Pierce，2010）文中关于融资约束 SA 指数的计算公式为：$SA = -0.737 \times Size + 0.043 \times Size^2 - 0.040 \times Age$，其中，Size 为以百万为单位对总资产取自然对数，Age 为公司上市时间，SA 指数的计算结果一般为负数，该指数越大表明公司的融资约束程度越高。

固定资产净值。利用式（4-3）分季度分行业回归后所得到的回归残差即为可操控性应计利润。可操控性应计利润越高，意味着企业进行了正向盈余管理且对外公布的企业盈余水平越高，误导外部利益相关者对于企业目前财务状况的看法，使公司被高估。因此，我们设置虚拟变量 High 来衡量公司是否被高估，在被选为融资融券标的前公司的可操控性应计大于行业均值的认为是高估赋值为 1，小于行业均值为低估赋值为 0，即 High 赋值为 1 可以被认为是公司相对被高估的企业。除了可操控性应计外，我们还选取了季度股票累计收益率来直接衡量公司是否被高估，同样地，我们设置虚拟变量 High 来衡量公司是否被高估，在被选为融资融券标的前公司的季度股票累计收益率大于行业均值的认为是高估赋值为 1，小于行业均值为低估赋值为 0，然后构建了检验模型，即：

$$
\begin{aligned}
INV_{i,t} = {} & \alpha_0 + \alpha_1 Treatment_i \times Post_t + \alpha_2 Treatment_i \times Post_t \times High \\
& + \alpha_3 Size_{i,t-1} + \alpha_4 Roa_{i,t-1} + \alpha_5 Q_{i,t-1} + \alpha_6 Lev_{i,t-1} \\
& + \alpha_7 Cashflow_{i,t} + \sum_t Quarter_t + \sum_i Industry_i + \varepsilon_{i,t}
\end{aligned} \quad (4-4)
$$

其中，交乘项 $Treatment_i \times Post_t \times High$ 反映了相对被高估的企业在引入卖空机制后其投资水平与相对被低估的企业之间的差异，其他变量均与式（4-1）相同。若假设 H4-3 成立，则式（4-4）中的回归系数 α_2 将显著为负，这意味着相对被高估的企业在允许卖空后受到的冲击更大，其投资水平受到的影响程度也更大，即企业投资减少程度更大。

4.3.3 卖空机制引入与资源配置效率检验的研究设计

针对假设 H4-4 的检验，我们需要先选取合理的指标来反映企业的成长机会。对于企业的成长机会常用的一个衡量指标为企业的营业收入增长率，但因为本书的数据属于季度数据，企业的营业收入在各季度之间的波动性较大，所以该指标在使用季度数据时不能准确地衡量企业的成长性。另一个常用的指标是企业的托宾 Q，如果卖空机制的引入使企业的负面信息释放，得以矫正高估的股价，那么 Q 将更加真实地反映企业所面临的成长机会，所以如果企业的投资水平和 Q 之间的敏感性提高，那么即对企业的真实成长机会作出了反映，那么也就意味着企业的投资效率提升了，而且在国内研究中也常用 Q 作为企业成长机会的衡量（喻坤等，2014）。所以针对假设 H4 - 4 的检验，我们选取 Q 作为企业成长机会的衡量，如果 Q 值越大，说明企业的前景越好，企业的投资也应该越大，Q 值和投资之间应该存在正相关关系。卖空机制引入后，如果使企业投资和 Q 值之间的正相关关系加强，那么也就意味着提升了企业投资—成长机会的敏感性，即：

$$
\begin{aligned}
INV_{i,t} = {} & \alpha_0 + \alpha_1 Treatment_i \times Post_t + \alpha_2 Q_{i,t-1} + \alpha_3 Treatment_i \times Post_t \\
& \times Q_{i,t-1} + \alpha_4 Size_{i,t-1} + \alpha_5 Roa_{i,t-1} + \alpha_6 Lev_{i,t-1} + \alpha_7 Cashflow_{i,t} \\
& + \sum\nolimits_t Quarter_t + \sum\nolimits_i Industry_i + \varepsilon_{i,t} \qquad (4-5)
\end{aligned}
$$

其中，Q 反映企业成长机会；交乘项 $Treatment_i \times Post_t \times Q_{i,t-1}$ 反映了卖空机制引入后对投资和成长机会敏感性的影响；其他变量均与式（4 - 1）相同。若假设 H4 - 4 成立，则式（4 - 5）中 $Treatment_i \times Post_t \times Q_{i,t-1}$ 的回归系数 α_3 将显著为正，这意味着卖空机制的引入提高了投资与成长机会的敏感性，即提高了企业的投资效率。

针对假设 H4 - 5 的检验，我们要选取合适的指标来检验企业的过度投资，我们采用比德尔等（Biddle et al.，2009）文章中构造的衡量企业过度投资的指标，国内李万福等（2011）也采用该指标研究了内部控制对于企业投资效率的影响。根据比德尔等（Biddle et al.，2009）的研究思路，我们在检验卖空机制的引入对于企业过度投资的影响时，首先要根据公司特征区分出哪些是更可能发生过度投资的企业；其次在这种更可能发生过度投资的条件下，测试卖空机制的引入与企业投资水平之间的关系，由此，我们构建了检验模型，即：

$$
\begin{aligned}
INV_{i,t} = {} & \alpha_0 + \alpha_1 Treatment_i \times Post_t + \alpha_2 Treatment_i \times Post_t \times Overinvest_{i,t-1} \\
& + \alpha_3 Overinvest_{i,t-1} + \alpha_4 Size_{i,t-1} + \alpha_5 Roa_{i,t-1} + \alpha_6 Q_{i,t-1} + \alpha_7 Lev_{i,t-1} \\
& + \alpha_8 Cashflow_{i,t} + \sum\nolimits_t Quarter_t + \sum\nolimits_i Industry_i + \varepsilon_{i,t} \qquad (4-6)
\end{aligned}
$$

其中，Overinvest 为衡量企业发生过度投资的条件排序指标，具体设定方法是分别对企业的现金持有量 Cash 和财务杠杆 Lev 进行 10 等分排序，Overinvest 为两者排序值之和的平均除以 10，即（Cash − Lev）/20，所以 Overinvest 取值范围为 0～1，其值越大意味着公司的流动性越好，更有可能发生过度投资，其值越小意味着企业的流动性越差，发生投资不足的可能性越大。比德尔等（Biddle et al.，2009）认为，选取现金持有量 Cash 和财务杠杆 Lev 这两个指标可以较好地反映公司的流动性特征，而公司的流动性在企业的过度投资和投资不足中扮演着至关重要的角色。若假设 H4 − 5 成立，则式（4 − 6）中 $Treatment_i \times Post_t$ 和 $Treatment_i \times Post_t \times Overinvest_{i,t}$ 的系数之和 $\alpha_1 + \alpha_2$ 将显著为负。这是因为当 Overinvest 为排序指标，当其接近或者等于 1 时，说明公司拥有最多的现金和最少的负债，企业的流动性最好，此时企业最有可能发生过度投资，所以系数 $\alpha_1 + \alpha_2$ 之和衡量当公司最有可能发生过度投资时卖空机制的引入与企业投资水平之间的关系。如果 $\alpha_1 + \alpha_2$ 显著为负，则说明卖空机制引入后，对于可能发生过度投资的企业，降低了企业的投资水平，减少了企业的过度投资，假设 H4 − 5 成立。而当 Overinvest 接近或者等于 0 时，表示公司拥有最少的现金和最多的负债，企业的流动性最差，此时企业最有可能发生投资不足，所以此时要关注 $Treatment_i \times Post_t$ 的系数，如果该系数为负，说明卖空机制引入后对于有可能发生投资不足的企业，减少了企业的投资，进一步加剧了企业的投资不足，相反如果该系数为正，说明卖空机制引入后增加了企业的投资，减少了企业的投资不足。

针对假设 H4 − 6，我们借鉴波克和萨皮恩克（Polk and Sapienza，2009）的检验方法对未来的股票收益率进行检验，同时控制企业投资机会、现金流等指标，建立检验方程，即：

$$Return_{i,t+1} = \alpha_0 + \alpha_1 INV_{i,t} + \alpha_2 Treatment_i \times Post_t \times INV_{i,t} + \alpha_3 Q_{i,t}$$
$$+ \alpha_4 Cashflow_{i,t} + \sum_t Quarter_t + \sum_i Industry_i + \varepsilon_{i,t+1}$$

$$(4 - 7)$$

其中，$Return_{i,t+1}$ 为下一季度股票累计收益率；交乘项 $Treatment_i \times Post_t \times INV_{i,t}$ 反映了引入卖空机制后，允许卖空的企业未来下一季度股票累计收益率和当期投资水平之间的相关关系与不允许卖空企业之间的差异。若假设 H4 − 6

成立，则式（4-7）中 $Treatment_i \times Post_t \times INV_{i,t}$ 的回归系数 α_3 将显著为负，这意味着卖空机制的引入降低了企业的投资水平，但这种投资水平的降低是有效率的，改善了企业的资源配置，提高了企业未来的股票累计收益率，所以使未来下一季度股票累计收益率和当期投资水平之间的负相关关系加强。

4.4　实 证 检 验 与 结 果 分 析

4.4.1　描述性统计结果与分析

我们首先针对总体样本变量进行了描述性统计，如表4-2所示。其次针对按处理组样本和控制组样本分类后对变量进行了描述性统计，如表4-3所示，可以看出，由融资融券标的企业组成的处理组样本在整个样本期间要比由非融资融券标的企业组成的控制组样本显示出公司规模较大、盈利性较好、财务杠杆较低的特征，其投资支出相对也较大，但这仅是处理组样本和控制组样本的简单对比，还未考虑融资融券的实施所带来的差异。最后对各变量进行了相关性系数统计，如表4-4所示，主要控制变量的相关系数均在0.5以下。

表 4-2　　　　　　　　　　总样本变量描述性统计结果

变量	样本量	均值	标准差	最小值	中位数	最大值
ΔTassets	24068	0.035	0.102	-0.234	0.021	0.559
Invest	24068	0.009	0.033	-0.106	0.001	0.190
CAPX	24068	0.007	0.028	-0.095	0.001	0.157
Size	24068	22.184	1.273	19.341	22.044	25.775
Roa	24068	0.011	0.018	-0.046	0.008	0.085
Q	24068	1.702	1.570	0.165	1.224	9.123
Lev	24068	0.535	0.193	0.081	0.553	0.914
Cashflow	24068	0.011	0.048	-0.146	0.010	0.179

表 4 – 3 处理组和控制组样本变量描述性统计结果

变量	处理组		控制组		均值差异
	样本量	均值	样本量	均值	
ΔTassets	12089	0.042	11979	0.029	0.014 ***
Invest	12089	0.010	11979	0.007	0.004 ***
CAPX	12089	0.009	11979	0.006	0.003 ***
Size	12089	22.609	11979	21.755	0.854 ***
Roa	12089	0.014	11979	0.007	0.007 ***
Q	12089	1.869	11979	1.532	0.337 ***
Lev	12089	0.521	11979	0.549	– 0.027 ***
Cashflow	12089	0.013	11979	0.009	0.004 ***

注：（1）处理组和控制组分别由按前面设定的标准选取的融资融券标的公司和非融资融券标的的公司组成；（2） ***、**、* 分别表示显著性水平为 1%、5%、10%。

表 4 – 4 各变量的相关系数

变量	ΔTassets	Invest	CAPX	Size	Roa	Q	Lev	Cashflow
ΔTassets	1.000							
Invest	0.438 ***	1.000						
CAPX	0.407 ***	0.917 ***	1.000					
Size	0.106 ***	0.105 ***	0.113 ***	1.000				
Roa	0.237 ***	0.100 ***	0.093 ***	0.040 ***	1.000			
Q	0.006	0.015 **	0.023 ***	0.486 ***	0.302 ***	1.000		
Lev	0.069 ***	0.028 ***	0.031 ***	0.364 ***	– 0.267 ***	– 0.474 ***	1.000	
Cashflow	0.079 ***	0.107 ***	0.094 ***	0.009	0.217 ***	0.066 ***	– 0.054 ***	1.000

注： ***、**、* 分别表示显著性水平为 1%、5%、10%。

4.4.2 卖空机制引入和企业投资水平的回归统计结果与分析

针对假设 H4 – 1 的检验实质上检验的是在引入卖空机制前后处理组与控制组的企业投资水平是否存在显著差异，为此我们采用式（4 – 1）回归统计，在检验中控制行业和季度固定效应，其结果如表 4 – 5 所示。从表 4 – 5 中的结果可以看出，无论是企业总资产的改变量 ΔTassets、固定资产和无形资产总投资支出 Invest，还是固定资产投资支出 CAPX 作为被解释变量，解释变量 Treatment × Post 的回归系数至少在 5% 的水平下显著为负。也就是说，在引入卖空机制后，与控制组样本相比，处理组中的融资融券标的企业在平均意义上季度总资产减少了 0.77% ［见表 4 – 5 中列（1）结果］，季度固定资产和无形资产总投资支出减少了 0.20% ［见表 4 – 5 中列（2）结果］，季度固定资产总投资支出减少了 0.19% ［见表 4 – 5 中列（3）结果］，这与假设 H4 – 1 的理论预期一致。此外，其他控制变量例如企业规模、盈利性、成长性、当期现金流与俞鸿琳（2011）以及周业安和宋翔（2010）的结论相同。这意味着，尽管卖空机制引入我国的时间不长且卖空交易量也很低，但引入卖空机制纠正了高估的股价，使股价下跌，公司的投资水平下降。

表 4 – 5　　　　　　　　卖空机制的引入与企业投资水平的回归结果

变量	(1)	(2)	(3)
	$\Delta \text{Tassets}_{i,t}$	$\text{Invest}_{i,t}$	$\text{CAPX}_{i,t}$
$\text{Treatment}_i \times \text{Post}_t$	$-0.0077\,^{***}$ (-3.12)	$-0.0020\,^{**}$ (-2.16)	$-0.0019\,^{**}$ (-2.33)
$\text{Size}_{i,t-1}$	$0.0078\,^{***}$ (7.79)	$0.0030\,^{***}$ (6.99)	$0.0028\,^{***}$ (7.15)
$\text{Roa}_{i,t-1}$	$0.3710\,^{***}$ (4.55)	$0.1340\,^{***}$ (5.91)	$0.1190\,^{***}$ (5.92)
$Q_{i,t-1}$	$0.0146\,^{***}$ (12.46)	$0.0018\,^{***}$ (4.18)	$0.0014\,^{***}$ (3.76)
$\text{Lev}_{i,t-1}$	$0.0120\,^{*}$ (1.92)	0.0011 (0.50)	0.0006 (0.31)
$\text{Cashflow}_{i,t}$	$0.1360\,^{***}$ (3.84)	$0.0447\,^{***}$ (6.52)	$0.0322\,^{***}$ (5.50)
常数项	$-0.1880\,^{***}$ (-8.41)	$-0.0716\,^{***}$ (-7.30)	$-0.0661\,^{***}$ (-7.44)
季度	控制	控制	控制
行业	控制	控制	控制
样本数	22038	22038	22038
Adj. R^2	0.0488	0.0573	0.0537

注：（1）括号内为经过 White 修正的 t 值，且为了控制自相关问题在企业层面进行了聚类 cluster 处理；（2）*** 、** 、* 分别表示显著性水平为 1% 、5% 、10% 。

前面针对假设 H4 - 1 的检验结果表明，卖空机制已经影响了企业的投资水平。由于卖空机制通过释放关于企业价值的负面信息而产生股价下跌的威胁，还会提高企业的融资成本，影响企业的融资水平。所以我们有理由相信，卖空机制的引入还会影响企业的新增外部融资，在第 3 章中，我们已经对企业的融资行为进行了检验，证实了该结果，详见第 3 章中表 3 - 6 的统计结果。

针对假设 H4 - 2 的检验，即按照企业的融资约束水平进行检验，卖空机制的引入与企业投资水平的回归结果如表 4 - 6 列（1）~ 列（6）所示。结果表明，无论是采用单一指标企业性质是否国有来衡量融资约束，还是采用综合指标 SA 指数来衡量融资约束，交叉变量 $Treatment_i \times Post_t \times FC$ 都至少在 10% 的水平上显著为负。说明，相比融资约束程度低的企业，在融资融券政策实施前融资约束程度较高的企业，放松卖空管制后企业投资水平的下降程度更大，这与假设 H4 - 2 的理论预期是一致的。可见，当企业面临融资约束时，卖空机制的引入进一步提升了企业的融资成本，使企业从外部筹集融资更加困难，由此将不得不放弃更多的投资支出，企业的投资水平下降的影响程度更大。

表 4 - 6　　　按融资约束程度分层时卖空机制的引入与企业投资水平的回归结果

变量	用公司是否国有衡量融资约束			用 SA 指数衡量融资约束		
	（1）	（2）	（3）	（4）	（5）	（6）
	$\Delta Tassets_{i,t}$	$Invest_{i,t}$	$CAPX_{i,t}$	$\Delta Tassets_{i,t}$	$Invest_{i,t}$	$CAPX_{i,t}$
$Treatment_i \times Post_t$	- 0. 0076 ***	- 0. 0020 **	- 0. 0019 **	- 0. 0077 ***	- 0. 0021 **	- 0. 0020 **
	（ - 3. 08）	（ - 2. 09）	（ - 2. 25）	（ - 3. 15）	（ - 2. 19）	（ - 2. 36）
$Treatment_i \times$ $Post_t \times FC$	- 0. 0085 *	- 0. 0021 *	- 0. 0024 *	- 0. 0055 *	- 0. 0034 **	- 0. 0027 **
	（ - 1. 88）	（ - 1. 67）	（ - 1. 76）	（ - 1. 66）	（ - 2. 32）	（ - 2. 01）
$Size_{i,t-1}$	0. 0078 ***	0. 0031 ***	0. 0028 ***	0. 0079 ***	0. 0031 ***	0. 0029 ***
	（7. 79）	（7. 01）	（7. 17）	（7. 87）	（7. 09）	（7. 25）
$Roa_{i,t-1}$	0. 3710 ***	0. 1340 ***	0. 1190 ***	0. 3710 ***	0. 1340 ***	0. 1190 ***
	（4. 55）	（5. 93）	（5. 95）	（4. 55）	（5. 92）	（5. 93）
$Q_{i,t-1}$	0. 01460 ***	0. 0018 ***	0. 0014 ***	0. 01460 ***	0. 0018 ***	0. 0014 ***
	（12. 47）	（4. 21）	（3. 79）	（12. 46）	（4. 17）	（3. 75）

续表

变量	用公司是否国有衡量融资约束			用 SA 指数衡量融资约束		
	（1）	（2）	（3）	（4）	（5）	（6）
	$\Delta\text{Tassets}_{i,t}$	$\text{Invest}_{i,t}$	$\text{CAPX}_{i,t}$	$\Delta\text{Tassets}_{i,t}$	$\text{Invest}_{i,t}$	$\text{CAPX}_{i,t}$
$\text{Lev}_{i,t-1}$	0. 0120 *	0. 0012	0. 0007	0. 0122 *	0. 0013	0. 0007
	（1. 93）	（0. 52）	（0. 34）	（1. 96）	（0. 56）	（0. 37）
$\text{Cashflow}_{i,t}$	0. 1360 ***	0. 0445 ***	0. 0321 ***	0. 1370 ***	0. 0448 ***	0. 0324 ***
	（3. 83）	（6. 50）	（5. 48）	（3. 85）	（6. 54）	（5. 53）
常数项	− 0. 1880 ***	− 0. 0717 ***	− 0. 0663 ***	− 0. 1900 ***	− 0. 0724 ***	− 0. 0667 ***
	（− 8. 41）	（− 7. 32）	（− 7. 46）	（− 8. 49）	（− 7. 41）	（− 7. 55）
季度	控制	控制	控制	控制	控制	控制
行业	控制	控制	控制	控制	控制	控制
样本数	22038	22038	22038	22038	22038	22038
Adj. R^2	0. 0487	0. 0573	0. 0539	0. 0488	0. 0576	0. 0540

注：（1）括号内为经过 White 修正的 t 值，且为了控制自相关问题在企业层面进行了聚类 cluster 处理；（2） *** 、 ** 、 * 分别表示显著性水平为1% 、5% 、10% 。

针对假设 H4 -3 的检验，我们使用式（4 -4）作出回归统计，其结果如表 4 -7 所示。从表 4 -7 中的结果可以看出，无论是使用可操控性应计来衡量高估，还是直接用股票累计收益率来衡量高估，交叉变量 Treatment$_i$ × Post$_t$ × High 的系数都在 10% 的水平上显著为负。也就是说，相比相对被低估的公司，放松卖空管制后，在融资融券政策实施前相对被高估的公司在平均意义上季度企业投资减少的程度更大，这与假设 H4 -3 的理论预期是一致的。这意味着，那些价值相对被高估的企业受到卖空冲击的影响程度较大，企业的投资水平下降程度也较大。

表 4 -7　　按高估程度分层时卖空机制的引入与企业投资水平的回归结果

变量	用可操控性应计衡量高估			用股票累计收益率衡量高估		
	（1）	（2）	（3）	（4）	（5）	（6）
	$\Delta\text{Tassets}_{i,t}$	$\text{Invest}_{i,t}$	$\text{CAPX}_{i,t}$	$\Delta\text{Tassets}_{i,t}$	$\text{Invest}_{i,t}$	$\text{CAPX}_{i,t}$
Treatment$_i$ × Post$_t$	− 0. 0068 ***	− 0. 0019 **	− 0. 0018 **	− 0. 0076 ***	− 0. 0021 **	− 0. 0020 **
	（− 2. 77）	（− 2. 01）	（− 2. 17）	（− 3. 08）	（− 2. 28）	（− 2. 45）
Treatment$_i$ × Post$_t$ × High	− 0. 0101 ***	− 0. 0020 *	− 0. 0019 *	− 0. 0048 *	− 0. 0021 *	− 0. 0019 *
	（− 3. 02）	（− 1. 87）	（− 1. 70）	（− 1. 84）	（− 1. 79）	（− 1. 67）

续表

变量	用可操控性应计衡量高估			用股票累计收益率衡量高估		
	(1)	(2)	(3)	(4)	(5)	(6)
	$\Delta Tassets_{i,t}$	$Invest_{i,t}$	$CAPX_{i,t}$	$\Delta Tassets_{i,t}$	$Invest_{i,t}$	$CAPX_{i,t}$
$Size_{i,t-1}$	0.0077 ***	0.0030 ***	0.0028 ***	0.0078 ***	0.0031 ***	0.0028 ***
	(7.76)	(6.94)	(7.11)	(7.79)	(6.99)	(7.16)
$Roa_{i,t-1}$	0.3690 ***	0.1330 ***	0.1180 ***	0.3700 ***	0.1340 ***	0.1190 ***
	(4.52)	(5.88)	(5.88)	(4.55)	(5.93)	(5.94)
$Q_{i,t-1}$	0.01450 ***	0.0018 ***	0.0014 ***	0.0146 ***	0.0018 ***	0.0014 ***
	(12.37)	(4.17)	(3.74)	(12.44)	(4.20)	(3.77)
$Lev_{i,t-1}$	0.0121 *	0.0012	0.0007	0.0120 *	0.0011	0.0006
	(1.93)	(0.54)	(0.34)	(1.92)	(0.51)	(0.32)
$Cashflow_{i,t}$	0.1370 ***	0.0446 ***	0.0322 ***	0.1360 ***	0.0447 ***	0.0323 ***
	(3.85)	(6.50)	(5.49)	(3.84)	(6.53)	(5.51)
常数项	−0.1870 ***	−0.0712 ***	−0.0658 ***	−0.1880 ***	−0.0716 ***	−0.0662 ***
	(−8.37)	(−7.25)	(−7.40)	(−8.41)	(−7.31)	(−7.45)
季度	控制	控制	控制	控制	控制	控制
行业	控制	控制	控制	控制	控制	控制
样本数	22038	22038	22038	22038	22038	22038
Adj. R^2	0.0478	0.0557	0.0524	0.0487	0.0572	0.0537

注：（1）括号内为经过 White 修正的 t 值，且为了控制自相关问题在企业层面进行了聚类 cluster 处理；（2） *** 、 ** 、 * 分别表示显著性水平为 1%、5%、10%。

4.4.3 卖空机制引入与资源配置效率的回归统计结果与分析

针对假设 H4 -4 的检验，我们采用式（4 -5）作出回归统计，其结果如表 4 -8 所示。从表 4 -8 中的结果可以看出，企业总资产的改变量 ΔTassets，固定资产和无形资产总投资支出 Invest，固定资产投资支出 CAPX 作为被解释变量，成长机会 Q 都在 1% 的水平上显著为正，这说明 Q 越大，企业的前景越好投资越大，成长机会和企业的投资水平之间呈现显著的正相关关系。而卖空机制引入后，交叉变量 $Treatment_i \times Post_t \times Q$ 的回归系数至少在 10% 的水平下显著为正。也就是说，卖空机制引入后，投资水平和成长机会 Q 之间的

敏感性提高，两者之间的正相关关系加强，即提高了企业的投资效率，验证
了假设 H4 – 4。

表 4 – 8　　卖空机制的引入与企业投资—成长机会敏感性的回归结果

变量	(1)	(2)	(3)
	$\Delta Tassets_{i,t}$	$Invest_{i,t}$	$CAPX_{i,t}$
$Treatment_i \times Post_t$	– 0. 0077 *** (– 2. 99)	– 0. 0022 ** (– 2. 30)	– 0. 0021 ** (– 2. 45)
$Q_{i,t-1}$	0. 0146 *** (12. 38)	0. 0018 *** (4. 16)	0. 0014 *** (3. 74)
$Treatment_i \times Post_t \times Q_{i,t-1}$	0. 0068 *** (2. 62)	0. 0009 * (1. 92)	0. 0008 * (1. 91)
$Size_{i,t-1}$	0. 0078 *** (7. 81)	0. 0030 *** (6. 94)	0. 0028 *** (7. 11)
$Roa_{i,t-1}$	0. 3710 *** (4. 54)	0. 1350 *** (5. 94)	0. 1190 *** (5. 94)
$Lev_{i,t-1}$	0. 0120 * (1. 92)	0. 0011 (0. 50)	0. 0006 (0. 31)
$Cashflow_{i,t}$	0. 1360 *** (3. 84)	0. 0448 *** (6. 53)	0. 0323 *** (5. 51)
常数项	– 0. 1880 *** (– 8. 41)	– 0. 0710 *** (– 7. 24)	– 0. 0657 *** (– 7. 40)
季度	控制	控制	控制
行业	控制	控制	控制
样本数	22038	22038	22038
Adj. R^2	0. 0487	0. 0574	0. 0538

注：（1）括号内为经过 White 修正的 t 值，且为了控制自相关问题在企业层面进行了聚类 cluster
处理；（2）***、**、*分别表示显著性水平为 1%、5%、10%。

针对假设 H4 – 5 的检验，我们采用模型（4 – 6）作出回归统计，其结
果如表 4 – 9 所示。从表 4 – 9 中的结果可以看出，无论企业总资产的改变
量 $\Delta Tassets$，固定资产和无形资产总投资 Invest，还是固定资产投资 CAPX
作为被解释变量，解释变量 $Treatment_i \times Post_t$ 和交乘项 $Treatment_i \times Post_t \times$
$Overinvest_{i,t-1}$ 的回归系数都至少在 5% 的水平下显著为负，对两个系数之和进

行联合检验，发现两系数之和拒绝了显著为 0 的假设，证明两系数之和显著为负。说明卖空机制的引入后，对于可能发生过度投资的企业，降低了企业的投资水平，减少了企业的过度投资。但同时解释变量 $Treatment_i \times Post_t$ 也显著为负，说明卖空机制引入后，对于可能发生投资不足的企业，也降低了企业的投资水平，反而有可能加剧企业的投资不足。

表 4 – 9 卖空机制的引入与企业过度投资的回归结果

变量	(1) $\Delta Tassets_{i,t}$	(2) $Invest_{i,t}$	(3) $CAPX_{i,t}$
$Treatment_i \times Post_t$	−0.0079 *** (−3.20)	−0.0020 ** (−2.15)	−0.0020 ** (−2.33)
$Treatment_i \times Post_t \times Overinvest_{i,t-1}$	−0.0174 *** (−2.61)	−0.0106 *** (−3.61)	−0.0087 *** (−3.29)
$Overinvest_{i,t-1}$	−0.0092 (−1.41)	0.0092 *** (3.61)	0.0079 *** (3.51)
$Size_{i,t-1}$	0.0080 *** (7.90)	0.0029 *** (6.68)	0.0027 *** (6.86)
$Roa_{i,t-1}$	0.3850 *** (4.70)	0.1190 *** (5.27)	0.1060 *** (5.25)
$Q_{i,t-1}$	0.0146 *** (12.47)	0.0019 *** (4.28)	0.0015 *** (3.83)
$Lev_{i,t-1}$	0.0034 (0.38)	0.0099 *** (3.10)	0.0082 *** (2.88)
$Cashflow_{i,t}$	0.1350 *** (3.77)	0.0469 *** (6.76)	0.0343 *** (5.79)
常数项	−0.1820 *** (−7.98)	−0.0786 *** (−7.83)	−0.0721 *** (−7.96)
季度	控制	控制	控制
行业	控制	控制	控制
$\alpha_1 + \alpha_2 = 0$	F 值 = 13.01	F 值 = 17.22	F 值 = 15.70
	P 值 = 0.0003	P 值 = 0.0000	P 值 = 0.0001
样本数	22038	22038	22038
Adj. R^2	0.0491	0.0594	0.0558

注：（1）括号内为经过 White 修正的 t 值，且为了控制自相关问题在企业层面进行了聚类 cluster 处理；（2）***、**、*分别表示显著性水平为 1%、5%、10%。

我们进一步对卖空机制对于企业投资水平的影响程度进行分析，对于那些更有可能发生过度投资的企业，当 Overinvest = 1 时，卖空机制的引入使企业的投资水平下降的程度是 − 0.0079 加上 − 0.0174，为 2.53%，当 Overinvest = 0.75 时，卖空机制的引入使企业的投资水平下降了 2.095%；对于那些更有可能发生投资不足的企业，当 Overinvest = 0 时，卖空机制的引入使企业投资水平下降了 0.79%，当 Overinvest = 0.25 时，卖空机制的引入使企业投资水平下降了 1.225%。所以相比那些更有可能投资不足的企业，卖空机制的引入对于更有可能过度投资的企业的投资水平影响程度更大，所以我们可以认为，卖空机制的引入更多的是减少了企业的过度投资，所以整体上卖空机制的引入提高了企业的投资效率，验证了假设 H4 − 5。

针对假设 H4 − 6 的检验，我们采用式（4 − 7）进行回归统计，结果如表 4 − 10 所示。从表 4 − 10 中的结果可以看出，未来下一季度的股票累计收益率 $Return_{i,t+1}$ 与当期的企业固定资产和无形资产投资支出 $Invest_{i,t}$，当期的固定资产投资支出 $CAPX_{i,t}$ 之间的回归结果均在 5% 的水平上呈现显著的负相关关系。而在卖空机制引入之后，两者之间的负相关关系进一步加强，对应的交乘项系数 $Treatment_i \times Post_t \times Invest_{i,t}$ 和 $Treatment_i \times Post_t \times CAPX_{i,t}$ 均在 1% 的水平上显著为负，说明卖空机制引入后，允许卖空的企业相比不允许卖空的企业其未来股票收益率和当前的固定资产和无形资产中投资水平以及固定资产投资水平之间的负相关关系系数更大。但对于总资产的改变量交乘项 $Treatment_i \times Post_t \times \Delta Tassets_{i,t}$ 虽然系数也为负，但并不显著。所以对于企业固定资产和无形资产中投资水平以及固定资产投资水平这两个解释变量，假设 H4 − 6 成立。

表 4 − 10　　卖空机制的引入与企业当前投资—未来股票收益率的回归结果

变量	（1）$Return_{i,t+1}$	（2）$Return_{i,t+1}$	（3）$Return_{i,t+1}$
$\Delta Tassets_{i,t}$	− 0.0081 （− 0.49）		
$Treatment_i \times$ $Post_t \times \Delta Tassets_{i,t}$	− 0.0106 （− 0.27）		

续表

变量	(1) Return$_{i,t+1}$	(2) Return$_{i,t+1}$	(3) Return$_{i,t+1}$
Invest$_{i,t}$		-0.1280^{**} (-2.50)	
Treatment$_i$ × Post$_t$ × Invest$_{i,t}$		-0.2900^{***} (-2.64)	
CAPX$_{i,t}$			-0.1230^{**} (-2.03)
Treatment$_i$ × Post$_t$ × CAPX$_{i,t}$			-0.3820^{***} (-2.81)
Q$_{i,t}$	-0.0117^{***} (-8.51)	-0.0118^{***} (-8.62)	-0.0118^{***} (-8.65)
Cashflow$_{i,t}$	0.1230^{***} (3.52)	0.1300^{***} (3.72)	0.1280^{***} (3.67)
常数项	-0.0496^{***} (-4.14)	-0.0494^{***} (-4.12)	-0.0493^{***} (-4.11)
季度	控制	控制	控制
行业	控制	控制	控制
样本数	22038	22038	22038
Adj. R^2	0.5020	0.5020	0.5020

注：（1）括号内为经过 White 修正的 t 值，且为了控制自相关问题在企业层面进行了聚类 cluster 处理；（2）***、**、*分别表示显著性水平为 1%、5%、10%。

4.5 稳健性检验

4.5.1 改变企业投资水平和资源配置效率的衡量指标

在前面卖空机制的引入对于企业投资水平的检验中，为了得到更加稳健的回归结果，我们在针对所提出的假设进行检验时都考虑了采用不同的衡量指标进行回归统计，例如，在假设 H4－1 的检验中对于企业投资水平的衡量采用总资产的改变量 ΔTassets、新增固定资产和无形资产投资支出 Invest、新增固定资产投资支出 CAPX 三个指标来衡量；在假设 H4－2 的检验中对于企业的融资约束程度采用单一指标企业是否国有和综合指标 SA 指数来衡量；在假设 H4－3 的检验中对于企业价值的高估程度采用可操控性应计和股票累计收益率来衡量。在三个假设的检验中采用不同的指标都得出了相同的实证结果，支持了所提出的研究假设，这可以证明书中关于卖空机制的引入对于企业投资水平的研究结论具有稳健性。

在卖空机制的引入与资源配置效率的检验中，为了证明卖空机制的引入提升了企业的资源配置效率。我们分别从三个方面进行了检验：一是检验卖空机制引入后是否提升了企业投资—成长机会 Q 的敏感性；二是检验卖空机制的引入带来的投资水平下降是否是抑制了企业的过度投资行为而产生的；三是检验当期的投资水平是否会提升后期的市场业绩，实证结果都支持了我们提出的假设，为卖空机制的引入带来企业资源配置效率的提升提供了多方面的实证检验证据，证明书中关于卖空机制的引入对于企业资源配置效率的研究结论具有稳健性。

4.5.2　改变统计方法

我们针对书中所采用的统计方法进行了稳健性检验，在前面基于双重差分法（DID）的方法检验中，我们对于面板数据，控制行业和季度固定效应，并在企业层面上进行聚类处理，采用混合最小二乘法（OLS）进行回归。在此，我们采用固定效应（FE）模型，同时控制季度的固定效应，以企业的投资水平为例重新作出实证检验，检验结果如表 4－11 所示。不难看出，无论是公司总资产的改变量 ΔTassets、新增固定资产和无形资产投资支出 Invest、新增固定资产投资支出 CAPX，解释变量 Treatment×Post 都至少在 5% 的水平上显著为负，这与前面的统计结果是一致的，仍然支持假设 H4－1。

表 4 - 11　　采用 FE 模型下卖空机制的引入与企业投资水平之间的稳健性检验

变量	(1) $\Delta Tassets_{i,t}$	(2) $Invest_{i,t}$	(3) $CAPX_{i,t}$
$Treatment_i \times Post_t$	-0.0096 *** (-3.16)	-0.0027 ** (-2.54)	-0.0023 ** (-2.43)
$Size_{i,t-1}$	-0.0213 *** (-4.82)	0.0011 (1.12)	0.0016 * (1.77)
$Roa_{i,t-1}$	0.1120 (1.24)	0.1020 *** (4.37)	0.0934 *** (4.52)
$Q_{i,t-1}$	0.0205 *** (12.46)	0.0026 *** (4.90)	0.0023 *** (4.62)
$Lev_{i,t-1}$	-0.0164 (-1.35)	-0.0150 *** (-4.04)	-0.0148 *** (-4.47)
$Cashflow_{i,t}$	0.1510 *** (4.27)	0.0366 *** (5.33)	0.0254 *** (4.35)
常数项	0.4660 *** (4.77)	-0.0142 (-0.66)	-0.0258 (-1.33)
企业	控制	控制	控制
季度	控制	控制	控制
样本数	22038	22038	22038
Adj. R^2	0.0552	0.0333	0.0282

注：(1) 括号内为经过 White 修正的 t 值；(2) *** 、 ** 、 * 分别表示显著性水平为 1% 、5% 、10% 。

4.5.3　改变统计样本

首先，本书针对所选取的处理组和控制组样本进行了稳健性检验。在前面使用双重差分法（DID）方法作出检验时，我们针对处理组和控制组的样本按照融资融券政策的选取标准以及所属行业、企业规模等进行了一一配对，在此我们使用处理组与控制组的全样本进行稳健性检验。其中，处理组样本为 447 个，控制组样本为 804 个（将所有的截至 2015 年第一季度末从未成为融资融券标的的 A 股上市公司均纳入，剔除金融行业、特别处理 ST、2007

年以后上市的样本)。为了控制融资融券制度试行时的样本选择偏差问题，除了原先的控制变量外，我们还将与融资融券政策试点标准有关的变量作为控制变量纳入回归统计分析。这些控制变量包括换手率〔Turover，即企业股票季度日均换手率/基准指数（上证或深证）日均换手率〕、涨跌幅偏离值〔Changeratio，即企业股票季度日均涨跌幅平均值——基准指数（上证或深证）日均涨跌幅平均值〕、波动幅度〔Volatility，即企业股票季度日均波动幅度/基准指数（上证或深证）日均波动幅度〕，且使用流通市值的自然对数来反映公司规模（Logmv）。鉴于篇幅原因，我们仅列示了全样本下卖空机制的引入与企业投资水平之间的稳健性检验结果，如表 4-12 所示。不难看出，该统计结果与前面研究所得出的结果是一致的，仍然支持假设 H4-1。

表 4-12 采用全样本下卖空机制的引入与企业投资水平之间的稳健性检验

变量	(1) $\Delta\text{Tassets}_{i,t}$	(2) $\text{Invest}_{i,t}$	(3) $\text{CAPX}_{i,t}$
$\text{Treatment}_i \times \text{Post}_t$	-0.0088^{***} (-4.11)	-0.0030^{***} (-3.52)	-0.0028^{***} (-3.66)
$\text{Logmv}_{i,t-1}$	0.0108^{***} (11.58)	0.0035^{***} (9.35)	0.0032^{***} (9.73)
$\text{Roa}_{i,t-1}$	0.3620^{***} (6.14)	0.1510^{***} (8.34)	0.1250^{***} (7.72)
$\text{Q}_{i,t-1}$	0.0088^{***} (10.28)	0.0018^{***} (5.58)	0.0015^{***} (5.41)
$\text{Lev}_{i,t-1}$	0.0047 (1.00)	0.0004 (0.24)	-0.0001 (-0.01)
$\text{Cashflow}_{i,t}$	0.1330^{***} (4.54)	0.0422^{***} (6.94)	0.0318^{***} (6.17)
$\text{Turnover}_{i,t-1}$	0.0003 (0.21)	0.0009 (1.50)	0.0009^{*} (1.68)
$\text{Changeratio}_{i,t-1}$	0.2200 (1.15)	-0.0218 (-0.31)	-0.0310 (-0.51)
$\text{Volatility}_{i,t-1}$	-0.0010 (-0.87)	-0.0005 (-1.24)	-0.0005 (-1.41)

续表

变量	(1)	(2)	(3)
	$\Delta Tassets_{i,t}$	$Invest_{i,t}$	$CAPX_{i,t}$
常数项	-0.2420 *** (-11.57)	-0.0703 *** (-7.95)	-0.0671 *** (-8.74)
季度	控制	控制	控制
行业	控制	控制	控制
样本数	33485	33485	33485
Adj. R^2	0.0373	0.0471	0.0439

注：（1）括号内为经过 White 修正的 t 值，且为了控制自相关问题在企业层面进行了聚类 cluster 处理；（2） *** 、** 、* 分别表示显著性水平为 1%、5%、10%。

其次，本书在前面检验时，为了更加细致地检验卖空机制的影响，采用上市公司 2007 年第一季度到 2015 年第一季度的数据作为研究的样本。在此我们使用年度数据进行稳健性检验，选取上市公司 2007～2014 年作为研究的样本期间。鉴于篇幅原因，我们仅列示了年度数据下全样本卖空机制的引入与企业投资水平之间的稳健性检验结果，如表 4 - 13 所示。不难看出，该统计结果与前面研究所得出的结果是一致的，仍然支持假设 H4 - 1。

表 4 - 13   采用年度样本下卖空机制的引入与企业投资水平之间的稳健性检验

变量	(1)	(2)	(3)
	$\Delta Tassets_{i,t}$	$Invest_{i,t}$	$CAPX_{i,t}$
$Treatment_i \times Post_t$	-0.0530 *** (-4.42)	-0.0093 *** (-2.91)	-0.0072 *** (-2.63)
$Size_{i,t-1}$	0.0226 *** (5.75)	0.0030 *** (3.02)	0.0027 *** (3.15)
$Roa_{i,t-1}$	1.1310 *** (12.53)	0.1300 *** (6.02)	0.1080 *** (6.00)
$Q_{i,t-1}$	0.0258 *** (7.32)	0.0031 *** (3.34)	0.0022 *** (2.84)
$Lev_{i,t-1}$	0.0899 *** (4.47)	0.0060 (1.16)	0.0034 (0.76)

变量	(1)	(2)	(3)
	$\Delta \text{Tassets}_{i,t}$	$\text{Invest}_{i,t}$	$\text{CAPX}_{i,t}$
$\text{Cashflow}_{i,t}$	-0.0423 (-0.80)	0.0379^{***} (3.68)	0.0244^{***} (2.82)
常数项	-0.5440^{***} (-6.37)	-0.0678^{***} (-3.13)	-0.0598^{***} (-3.21)
季度	控制	控制	控制
行业	控制	控制	控制
样本数	7290	7290	7290
Adj. R^2	0.0987	0.0533	0.0482

注：（1）括号内为经过 White 修正的 t 值，且为了控制自相关问题在企业层面进行了聚类 cluster 处理；（2）*** 、** 、* 分别表示显著性水平为 1% 、5% 、10% 。

4.6　本章小结与讨论

本章以我国证券市场 2010 年 3 月 31 日推行的融资融券制度这一准自然实验为研究窗口，通过合理选择非融资融券标的企业与融资融券标的企业进行配对，使用双重差分法检验了卖空机制的引入对企业投资水平和资源配置效率的实际影响。研究发现，我国证券市场卖空机制的引入为卖空者提供了进入市场表达负面信息和观点的机会，对于允许卖空的企业而言，企业的负面信息被揭示和扩散带来了股价的下跌，矫正了高估的股价，管理者从下跌的股价中学习到投资者拥有但自己却不知道的有关企业价值的负面私人信息（如竞争者、经济需求等），由此会调整其对公司价值的预期，在投资决策时参考这些信息，降低企业的投资水平。同时股价的下跌还影响了企业的融资成本，从而也有可能影响企业的投资水平。因此，卖空机制引入后，与不允许卖空的企业相比，允许卖空的企业其投资水平下降。结合企业特征检验发现，卖空机制矫正了高估的股价提高了企业的融资成本，加剧了企业的融资约束从而使企业投资水平下降程度更大，所以相比融资约束程度低的企业，在融资融券政策实施前融资约束程度高的企业，引入卖空机制后其企业投资水平下降程度更大。而且，相比价值相对被低估的企业，在融资融券政策实施前相对被高估的企业，引入卖空机制后其企业投资水平下降程度更大。进一步检验发现，卖空机制的引入虽然带来了企业的投资水平下降，但提高了企业的资源配置效率，使企业投资—成长机会之间的敏感性提高，过度投资减少，企业未来的股票收益率提高。这些研究结果意味着卖空机制作为一种来自外部证券市场的交易机制，尽管引入我国的时间不长，但已经对实体经济的资源配置产生了实质性的影响，提高了企业的资源配置效率。

总之，卖空机制作为证券市场上一种重要的对冲机制，是市场不可或缺的重要组成部分。我国证券市场正式推行融资融券制度引入卖空机制，这一里程碑事件不仅会对资本市场还会对实体经济产生重要影响。本章关于卖空机制对企业投资水平和资源配置效率的研究，是在前人研究的基础上，将卖空机制的研究从资本市场进一步拓展到实体经济，补充了卖空机制对于企业投资影响的反馈作用路径，并为卖空机制的引入改善了企业的资源配置提供了初步的检验证据，发现卖空机制的引入提升了企业的资源配置效率。在接下来的研究中，我们将会在这一研究的基础上，继续更加深入地从卖空机制作为一种外部证券市场基于负面信息传递和交易的治理机制出发，讨论卖空机制的引入是否提升了公司价值和企业绩效。

第5章 卖空机制的引入、公司价值与经营绩效

5.1 引言

随着卖空理论研究的深入，国内外学者已经对卖空机制的引入能否通过对企业内部人产生约束作用而优化企业的财务决策并进而影响企业层面的资源配置进行了初步的探讨。本书在前人研究的基础上，在第3章和第4章中对卖空机制的引入对企业财务决策包括融资行为、投资水平和资源配置效率进行了深入的探讨和系统性的分析，并得出了许多有意义的实证结果。如果卖空机制的引入可以起到约束企业及其管理者行为的规制作用，那么能否通过优化企业的投融资行为最终对企业的市场价值产生影响？目前，尽管学者们就卖空机制引入对于企业财务行为的影响进行了多方面的探讨，但对于卖空机制约束企业财务行为后所带来的公司价值的影响还未进行深入的研究，仅对公司价值的影响进行了初步检验（权小锋和尹洪英，2017），还未针对卖空机制对企业价值的作用机理和提升路径进行深入的分析和直接的检验。而企业全部财务活动实现的最终目标是提高企业的经营绩效，实现公司价值最大化，所以研究卖空机制的引入是否对企业公司价值和经营绩效产生了影响以及产生了何种程度的影响，并进一步厘清作用机制和影响路径，对于分析我国融资融券政策的实施对于实体经济所产生的政策效果有着至关重要的作用。因此，本书将在前面关于卖空机制的引入对于企业投融资决策和资源配置效率的研究基础上，进一步考察卖空机制的引入对于企业的市场价值和

经营绩效的影响。

从目前的研究成果来看，一方面，引入卖空机制能够向市场传递卖空者所拥有的与企业内在价值有关的负面信息，并通过卖空活动将这些信息体现在股价中，降低高估的股价，提高股票的定价效率（Miller，1977；Diamond and Verrecchia，1987；Senchack and Starks，1993；Cohen et al.，2007；Boehmer and Wu，2013）。而在这个过程中可能通过矫正高估的股价对公司价值短期内造成负面的影响，使公司价值短期内下降。另一方面，卖空机制的引入使卖者能更好地识别管理者的隐藏信息，挖掘和披露公司价值有关的负面信息，使管理者面临公司股价下跌自身利益受到损害的威胁，由此卖空机制的引入可以有效地监督管理者的行为，使管理者减少公司过度投资（Chang et al.，2015），这将在长期内对公司价值产生正向影响。不仅如此，卖空机制的引入还能够提高资本市场的定价效率，矫正高估的股价，增加股价的信息含量，使股价能更好地反映公司的真实价值和成长机会，管理者可以通过股价更好地了解投资者所拥有的企业负面信息，从而更加合理地决定公司的投资决策，提高投资和成长机会之间的敏感性，改善企业的投资效率（Deng and Mortal，2016），从而在长期内提升公司价值。

在上述研究中，尽管学者们关于企业的投融资行为的研究结论已经给公司价值的研究提供了一些线索，但截至目前还鲜有国内外学者就卖空机制对于公司价值以及公司价值的影响程度和具体作用机理作出直接考察。所以本章将在第 3 章和第 4 章中卖空机制引入对于企业投融资行为的研究结果基础上，进一步对我国卖空机制的引入对企业的市场价值和经营绩效的影响程度和作用路径进行直接的检验，作出全面深入的探讨。

我国证券市场融资融券制度的逐步推行，为研究卖空机制的引入对我国企业的公司价值和经营绩效的影响创造了难得的准自然实验机会。本章基于这个准自然实验，选取截至 2014 年之前被选为融资融券标的企业作为处理组，同时选取同样满足融资融券标的选取规则且为同一行业中资产规模最为接近的非融资融券标的企业作为控制组，采用双重差分模型进行了实证检验。研究发现，与不允许卖空的企业相比，在卖空机制引入后，允许卖空的企业其公司价值将在长期内显著提升，且对于内部治理水平差的企业其公司价值提升效果更明显。而且卖空机制对于公司价值的提升主要是通过提高企业未来的经营绩效，所以与允许卖空的企业相比，允许卖空的企业在卖空机制引入后其未来的经营绩效将显著提高。本章的研究结果表明，尽管我国卖空机制的引入时间不长且实际的卖空交易量也比较小，但卖空机制的引入以及所带来的卖空的事前威慑已经起到约束企业及其管理者行为的规制作用，并通过优化企业的投融资行为而最终提升了公司价值；而且卖空机制作为证券市场的交易机制，不仅改善了证券市场的资源配置效率，还可以通过证券市场的反馈作用提升实体经济的资源配置效率，引导企业作出更加合理的投资决策，从而也带来公司价值的提升。

本章基于卖空机制对于企业投融资行为影响的研究线索，检验卖空机制的引入对我国上市企业的公司价值是否已经产生了影响以及产生了何种程度的影响，并进一步分析了不同公司治理情况下卖空机制的引入对于公司价值提升的影响差异，并在此基础上探讨了卖空机制的引入对公司价值提升的影响路径，不仅补充和完善了卖空机制对于公司价值影响的研究，而且为我国融资融券的实施对于实体经济资源配置的影响提供了更加完整的研究证据，将有助于就我国卖空机制的实施对于实体经济的资源配置效率所带来的政策效果作出合理的评估，并为完善我国融资融券制度和公司治理提出具有建设性的政策建议。

5.2　理论分析和研究假设

5.2.1　卖空机制的引入与公司价值

卖空机制的引入不仅会影响公司的融资决策，还会影响企业的投资决策和资源的配置效率，最终影响公司价值。然而，针对这个问题的研究并不简单，早在 1977 年米勒就指出，卖空限制使有关公司的负面消息难以及时反映到股价中，从而使股价只能反映乐观交易者的观点和信息，导致股价被高估。那么，如果引入卖空机制，使卖空者了解的公司负面信息得以表达，就能矫正高估的股价，这在短期内给企业股价带来极大的价格压力（Mitchell et al.，2004），使企业股价下跌，公司价值下降。

从长期来看，卖空机制的引入使卖空者能更好地挖掘和披露企业的负面信息，识别管理者的隐藏信息，使内部人或管理者面临企业股价下跌自身财富或者职位安全受到损害的威胁，所以给企业内部人和管理者带来事前威慑，因此，卖空机制的引入可以有效监督内部人或管理者行为，促使内部人或管理者减少过度投资，这将在长期内提升公司价值。不仅如此，卖空机制的引入虽然在短期矫正了高估的股价，使公司股价下跌，但从长期来看是提高了资本市场的定价效率，增加股价中的信息含量，使股价能更好地反映公司的真实价值和公司的成长机会，管理者可以通过股价可以更好地进行学习，从而更加合理地决定公司的投资决策，提高企业的投资效率，这将在长期内提升公司价值。

从以上理论分析我们可以看出，在短期内卖空机制的引入可能会使公司面临"价格压力"，股价下跌，使公司价值下降；但长期来看，卖空机制作为一种来自证券市场的基于（负面）信息的交易和治理机制，能够加强公司的外部监管，约束企业及其管理者的不良投资行为，减少企业的过度投资。而且更有信息效率的股价能指导企业管理者更好地进行投资决策，提升企业的投资效率，最终提升公司价值。由此，我们提出假设 H5 – 1。

H5 – 1：与不允许卖空的企业相比，卖空机制引入后，允许卖空的企业其公司价值长期内将显著提升。

进一步地，我们认为引入卖空机制后，那些内部治理水平较差的企业其公司价值的提升效应更明显。这是因为，一方面卖空机制的引入为潜在的卖空者提供了发掘企业负面信息的激励，内部治理水平较差的企业因可能面临更多的潜在负面信息而更容易被卖空者盯上；另一方面内部治理较差的企业其信息透明度通常较差，对于信息披露更不充分（乔旭东，2003；王斌和梁欣欣，2008；黎文靖和孔东民，2013），在这种情形下卖空机制引入后，卖空者会挖掘公司更多的信息由此获得的潜在利益也就越大。因此，内部治理水平较差的企业更容易被卖空者盯上而遭受潜在的卖空攻击，所受到的卖空的事前威慑也更大，将更有效地监督管理者，约束企业的不良投融资行为，提升公司价值。因此，假设 H5 - 1 的理论预期将会在这些企业中得到更充分的体现，由此，我们得到假设 H5 - 2。

　　H5 - 2：相比内部治理水平较好的企业，在卖空机制引入后，内部治理水平较差的企业其公司价值在长期内提升幅度更大。

5.2.2　卖空机制的引入对公司价值的作用路径

　　在上一节中我们讨论了卖空机制的引入与公司价值之间的关系，那么卖空机制的引入究竟如何影响公司价值，本节将进行进一步的探讨，分析卖空机制对公司价值的作用路径。

　　在传统的公司价值模型中，公司价值的计算公式为 $\sum\limits_{t=1}^{n}\dfrac{CF_t}{(1+r)^t}$，其中，主要的两个参数是企业的加权平均资本成本 r 和预期的未来现金流量 CF。前面第 3 章和第 4 章的研究发现，卖空机制的引入既影响了企业的权益和债务资本成本，也影响了企业的投资水平，进而会影响企业未来的现金流。因此，从公司价值的计算公式来看，卖空机制的引入，既能通过企业的资本成本路径，又能通过企业未来的现金流路径来影响公司价值。就资本成本路径而言，卖空机制的引入会带来企业负面消息的传播和股价下跌的压力，增加中小股东或债权人所面临的风险，由此股东和债权人会要求更高的收益率来抵补风险，使企业的权益和债务资本成本都提高，企业的加权平均资本成本也将提高，造成公司价值下降。就现金流的路径来看，卖空机制的引入所带来的事前威慑的治理效应和证券市场的反馈作用，将有利于提高企业的投资效率，提升企业未来的经营绩效，增加企业未来的现金流流入，带来公司价值的提升。因此，如果假设 H5 - 1 成立，卖空机制的引入确实在长期内提升了公司价值，那么我们就可推断出卖空机制的引入所带来的企业未来现金流增加的正面影响将大于提高企业资本成本的负面影响，最终才能使公司价值提升。因此，我们可以进一步推论出卖空机制是通过提升公司的经营绩效来最终提升公司价值。为了进一步验证影响路径，我们通过对公司价值的分解来进一步验证。借鉴方等（Fang et al. , 2009）的研究方法，将托宾 Q 按下列公式进行分解，即：

$$Q = \frac{MV}{BV} = \frac{1}{OIOP} \times \frac{1}{1 - Levm} \times Roa \qquad (5-1)$$

其中，MV 为企业总资产的市场价值；BV 为企业总资产的账面价值；OIOP 为企业营业利润比权益市场价值；Levm 为负债总额比总资产的市场价值，即市值杠杆；Roa 为企业营业利润与总资产的账面价值之比。

首先，我们来分析式（5-1）中的第三项，即企业的经营业绩 Roa，在第4章中，我们针对企业的投资水平和资源配置效率进行了检验，发现卖空机制的引入优化了企业的投资行为，减少了企业的过度投资（见表4-9的回归结果），提升了企业投资—成长机会的敏感性（见表4-8的回归结果），提高了企业的投资效率，而高效率的投资会使企业的财务资源更好地被配置，对企业经营产生积极的作用，因此，卖空机制的引入能够带来企业资源配置效率的提高，也有助于提高企业未来的经营绩效。那么卖空机制引入后，被卖空的企业其经营业绩 Roa 会显著提高。根据式（5-1），如果企业经营绩效 Roa 提高，将带来公司价值 Q 的提升。

其次，从式（5-1）中的第二项来看，该项与卖空机制的引入对企业的融资成本和融资行为所带来的影响有关，根据第3章关于假设 H3-2b 的检验，由于我国借贷市场的流动性更差，所以债权人对卖空机制的引入更加敏感，其结果使允许卖空的企业其债务资本成本的上升幅度大于权益资本成本的上升幅度，相应的债务融资减少程度可能会超过权益融资的减少程度，导致企业的财务杠杆趋于下降。而且企业为了避免被卖空者盯上，减少被卖空的可能性，还会主动降低财务杠杆。因此，卖空机制引入后，企业的账面杠杆和市值杠杆均下降了（见表3-8结果）。那么根据式（5-1），企业的市值杠杆 Levm 下降，将带来公司价值 Q 的下降。

最后，式（5-1）中的第一项 OIOP 为企业营业利润与权益的市场价值之比，反映的是卖空机制引入后对股价和经营业绩的综合影响。因为融资融券制度的实施并未引起企业成长性的改变，而仅是一种外生的市场冲击。鉴于卖空机制的引入可能带来股价的下跌以及对企业投融资行为起到规制作用而带来企业经营业绩的提升，所以可以预期卖空机制的引入使允许被卖空的企业其 OIOP 显著提高，而 1/OIOP 则会相应地显著降低。根据式（5-1），1/OIOP 下降，将带来公司价值 Q 下降。

因此，根据以上分析，一方面我们根据第 4 章的实证检验结果，可以推论出卖空机制的引入对于企业投资效率的改善将带来企业经营业绩的提升；另一方面基于公司价值分解式（5-1）可以看出，第一项 1/OIOP 预期下降，第二项 1/（1-Levm）根据第 3 章中的实证检验结果也显著下降，这两项都是下降的情况下，如果假设 H5-1 成立，那么卖空机制的引入带来企业价值的提升只能是因改善了投融资行为而提高了企业的经营绩效带来的。由此，我们提出假设 H5-3。

H5-3：与不允许卖空的企业相比，卖空机制引入后，允许卖空的企业未来的经营绩效将会显著提高。

5.3 研究设计与样本选择

5.3.1 样本选择

这一章所使用的样本与第 3 章和第 4 章中的样本完全相同，仍然选取截至 2014 年之前被选为融资融券的企业作为处理组，同时选取满足融资融券标的选取规则且同一行业中资产规模最为接近的非融资融券标的企业作为控制组，处理组和控制组进行一一配对，采用企业的季度财务数据，然后按照相同的规则对样本进行筛选。

5.3.2 卖空机制的引入与公司价值的研究设计

针对假设 H5-1 的检验，我们先考察卖空机制的引入对公司价值的长期影响，构建的实证模型，即：

$$Q_{i,t+n} = \alpha_0 + \alpha_1 Treatment_i \times Post_t + \alpha_2 Size_{i,t} + \alpha_3 Growth_{i,t} + \alpha_4 Capital_{i,t}$$

$$+ \alpha_5 Lev_{i,t} + \alpha_6 Age_{i,t} + \alpha_7 First_{i,t} + \alpha_8 Balance_{i,t} + \alpha_9 Dual_{i,t}$$

$$+ \alpha_{10} Indepratio_{i,t} + \alpha_{11} Soe_{i,t} + \sum_t Quarter_t$$

$$+ \sum_i Industry_i + \varepsilon_{i,t+n} \tag{5-2}$$

其中，借鉴莫克等（Morck et al. , 1988）和白重恩等（2005）的做法，使用托宾 Q 作为该企业价值方程的被解释变量，为了检验卖空机制的引入对于公司价值的长期影响，我们对未来四个季度的公司价值进行研究，n 取 1~4。Treatment 为是否为融资融券标的公司的虚拟变量；Post 为成为融资融券标的前后的虚拟变量。对于解释变量 Treatment × Post，为反映是否是融资融券试点企业的虚拟变量 Treatment（若是试点企业赋值为 1，否则为 0）和反映融资融券试点企业前后的虚拟变量 Post（成为试点企业之后的季度赋值为 1，否则为 0）所构成的交乘项。

同时，参照陈海强等（2012）以及邵帅等（2015）的研究，我们还控制了一系列影响公司价值的主要因素。（1）公司基本特征变量。企业规模 Size，利用季末总资产的自然对数衡量；主营业务增长率 Growth，利用季度主营业务收入增长率衡量；资本支出 Capital，利用"季度购建固定资产、无形资产、其他长期资产所支付的现金与处置固定资产、无形资产、其他长期资产所收回的现金之差/季末总资产"衡量；财务杠杆 Lev，利用"季末负债的账面价值/总资产的账面价值"衡量；企业年龄 Age，利用公司上市年龄衡量。（2）公司股权结构变量。第一大股东持股比例 First，利用季末第一大股东持股比例衡量；股权制衡指标 Balance，利用"季末第二至第五大股东持股比例/第一大股东持股比例"衡量。（3）公司董事会治理变量：董事长与总经理是否两职合一的虚拟变量 Dual，若季度内董事长和总经理两职合一则赋值为 1，否则赋值为 0；独立董事比例 Indepratio，利用"独立董事数量/公司董事会规模"衡量。（4）公司产权特征变量。产权性质是否为国有 Soe，如果为国有企业则赋值为 1，否则赋值为 0。在检验中我们还控制了季度和行业的固定效应 Quarter 和 Industry。此外，下标 i 和 t 表示第 i 企业第 t 季度，ε 为随机误差项。针对模型（1），我们重点关注交乘项 Treatment × Post 的回归系数 α_1，该系数反映了处理组样本在允许卖空后其公司价值变化与控制组样本的差异。若假设 H5-1 成立，则回归系数 α_1 显著为正，即与控制组样本相比，处理组中的融资融券试点企业在卖空机制引入后公司价值得以显著提升。

模型变量定义如表 5-1 所示。

表 5-1   模型变量定义

项目	变量	具体定义
被解释变量	Q	本季度末的托宾 Q 值
解释变量	Treatment	是否为融资融券标的公司的虚拟变量：是融资融券标的则为处理组样本，赋值为 1；非融资融券标的则为即控制组样本，赋值为 0
	Post	成为融资融券标的的公司前后的虚拟变量：之前赋值为 0，之后为 1
	High	反映公司治理水平的虚拟变量：在被选为融资融券标的的前公司治理指数排在行业后 1/3 的赋值为 1，反之为 0
控制变量	Size	公司规模：季度总资产的自然对数
	Growth	成长性：季度主营业务收入增长率
	Capital	季度资本支出：季度（购建固定资产、无形资产和其他长期资产所支付的现金——处置固定资产、无形资产和其他长期资产所收回的现金）净额/营业收入
	Lev	季度总负债/总资产的账面价值
	Age	企业的上市年龄
	First	季度末第一大股东持股比例
	Balance	季度末第二至第五大股东持股比例/第一大股东持股比例
	Dual	季度内董事长和总经理两职合一为 1，否则为 0
	Indepratio	独立董事比例：独立董事数量/公司董事会规模
	Soe	产权性质：国有企业为 1，否则为 0

在验证假设 H5-2，我们需要合理地选取反映企业内部治理水平的指标。在这里，我们仍然采用第 3 章中构建的公司内部治理指数作为衡量企业内部治理水平的指标。具体的构建过程如下，首先，我们使用主成分分析法构建反映企业在成为融资融券标的的前的企业内部治理水平的测度指标。根据公司

治理研究的相关成果（白重恩等，2005；张学勇和廖理，2010），我们选取股权结构指标（第一大股东持股比例、股权制衡指标即"第二至第五大股东持股比例/第一大股东持股比例"）、股权性质指标（第一大股东是否为国有股东的虚拟变量且是国有股东定义为1，否则为0）、控股股东行为指标（关联交易比例即"向关联方销售产品及提供劳务金额加上向关联方采购产品及接受劳务金额/期末总资产"）、管理层治理指标（管理层持股比例、董事长与总经理是否两职合一的虚拟变量且两职合一定义为1，否则为0）、董事会治理指标（董事会规模、独立董事比例）、外部市场竞争指标（市场份额即"该企业营业收入/行业总营业收入"）六大类指标通过主成分分析，并取第一大主成分得分作为反映企业内部治理水平的指标。我们的统计结果表明，第一大主成分的载荷系数的符号基本与理论预测符号相同，且第一大主成分得分越高表示企业的内部治理水平越好。在此基础上，我们采用虚拟变量 High 来衡量内部治理水平的好坏，也即在被选为融资融券标的前，其内部治理水平指标在行业中排后 1/3 的赋值为1，反之为0，即 High 赋值为1的企业可以被认为是内部治理水平相对较差的企业。然后构建了检验模型，即：

$$
\begin{aligned}
Q_{i,t+1} = {} & \alpha_0 + \alpha_1 \text{Treatment}_i \times \text{Post}_t + \alpha_2 \text{Treatment}_i \times \text{Post}_t \times \text{High} \\
& + \alpha_3 \text{Size}_{i,t} + \alpha_4 \text{Growth}_{i,t} + \alpha_5 \text{Capital}_{i,t} + \alpha_6 \text{Lev}_{i,t} \\
& + \alpha_7 \text{Age}_{i,t} + \sum_t \text{Quarter}_t + \sum_i \text{Industry}_i + \varepsilon_{i,t+1}
\end{aligned} \tag{5-3}
$$

其中，在控制变量方面，由于在构建内部治理指数时用到的变量与式（5-2）中出现重复，为减轻多重共线性，在针对不同内部治理水平企业的检验中，我们只保留部分控制变量，控制变量的定义与式（5-2）相同。交乘项 $\text{Treatment}_i \times \text{Post}_t \times \text{High}$ 反映了内部治理水平较差的企业在引入卖空机制后其公司价值的影响与内部治理水平较好的企业的差异，其他变量均与式（5-2）相同。若假设 H5-2 成立，则式（5-3）中的回归系数 α_2 将显著为正，这意味着内部治理差的企业，引入卖空机制后对于公司价值的提升更大。

针对假设 H5-3 的检验，我们将根据公司价值的分解式（5-1）对所分解的三个指标 OIOP、Levm、Roa 进行检验，构建了实证模型，即：

$$\text{OIOP}_{i,t+1}/\text{Levm}_{i,t+1}/\text{Roa}_{i,t+1} = \alpha_0 + \alpha_1 \text{Treatment}_i \times \text{Post}_t + \alpha_2 \text{Size}_{i,t} + \alpha_3 \text{Growth}_{i,t}$$
$$+ \alpha_4 \text{Capital}_{i,t} + \alpha_5 \text{Age}_{i,t} + \alpha_6 \text{First}_{i,t} + \alpha_7 \text{Balance}_{i,t}$$
$$+ \alpha_8 \text{Dual}_{i,t} + \alpha_9 \text{Indepratio}_{i,t} + \alpha_{10} \text{Soe}_{i,t}$$
$$+ \sum_t \text{Quarter}_t + \sum_i \text{Industry}_i + \varepsilon_{i,t+1} \qquad (5-4)$$

其中，OIOP 为企业营业利润与权益市场价值之比；Levm 为负债总额与总资产的市场价值之比；Roa 为企业营业利润与总资产的账面价值之比。因为需要检验企业的市值杠杆，所以相比式（5-3），在控制变量中去除了账面杠杆，其他控制变量与式（5-3）相同。

5.4　实 证 检 验 与 结 果 分 析

我们首先针对总体样本的变量进行了描述性统计，如表 5-2 所示。其次针对处理组样本和控制组样本各变量分别进行了描述性统计，如表 5-3 所示，可以看出，由融资融券标的企业组成的处理组样本在整个样本期间要比由非融资融券标的企业组成的控制组样本显示出公司规模较大、盈利性较好、财务杠杆较低的特征，其公司价值相对也较大，但这仅是处理组样本和控制组样本的简单对比，还未考虑融资融券实施所带来的差异。最后对各变量进行了相关性系数统计，如表 5-4 所示。

表 5-2　　　　　　　　　　　全样本描述性统计结果

变量	样本量	均值	标准差	最小值	中位数	最大值
Q	21123	1.702	1.570	0.165	1.224	9.123
Size	21123	22.179	1.271	19.341	22.039	25.775
Growth	21123	0.213	1.017	-0.869	0.029	7.321
Capital	21123	0.049	0.135	-0.426	0.018	0.796
Lev	21123	0.535	0.193	0.081	0.552	0.914
Age	21123	12.070	4.480	1.000	12.000	25.000
First	21123	0.359	0.156	0.083	0.338	0.750

续表

变量	样本量	均值	标准差	最小值	中位数	最大值
Roa	21123	0.011	0.018	-0.046	0.008	0.085
Cashflow	21123	0.010	0.038	-0.068	0.010	0.089
Balance	21123	0.519	0.510	0.015	0.345	2.302
Dual	21123	0.142	0.349	0.000	0.000	1.000
Indepratio	21123	0.365	0.050	0.286	0.333	0.556
Soe	21123	0.647	0.478	0.000	1.000	1.000

表 5 - 3　　　　　　　处理组和控制组样本变量的描述性统计结果

变量	处理组		控制组		均值差异
	样本量	均值	样本量	均值	
Q	10688	1.869	10435	1.532	0.337 ***
Size	10688	22.603	10435	21.752	0.851 ***
Growth	10688	0.218	10435	0.208	0.01
Capital	10688	0.051	10435	0.047	0.004 **
Lev	10688	0.521	10435	0.549	-0.028 ***
Age	10688	12.075	10435	12.064	0.011
Roa	10688	0.029	10435	0.014	0.015 ***
Cashflow	10688	0.013	10435	0.009	0.004 ***
First	10688	0.362	10435	0.356	0.007 ***
Balance	10688	0.525	10435	0.513	0.012 *
Dual	10688	0.148	10435	0.135	0.014 ***
Indepratio	10688	0.367	10435	0.364	0.004 ***
Soe	10688	0.642	10435	0.652	-0.010

注：*** 、 ** 、 * 分别表示显著性水平为 1%、5%、10%。

　　针对假设 H5 - 1 的检验，实质是在考察引入卖空机制后处理组与控制组样本的公司价值变化是否存在显著差异。在依据式（5 - 2）进行分析时，我们分别针对未来第一季度、未来第二季度、未来第三季度、未来第四季度的公司价值进行了检验，其结果如表 5 - 4 所示。从中可以看出，未来四个季度的公司价值 Q 与解释变量的回归系数分别为 0.647、0.640、0.626 和 0.619，且均在 1% 的水平下显著为正。由此可见，与控制组样本相比，处理组中的融资融券试点企业在引入卖空机制后其未来的公司价值确实得以提升，假设 H5 – 1 成立。这意味着，卖空机制引入后所产生的治理作用和股票市场的反馈作用起到优化或约束企业行为的作用，进而促使公司价值提升。然而，也应注意到，随着季度的推移，卖空机制的引入对公司价值的提升程度越来越小。这可能与我国股票市场实际的融券卖空量较小有关，较小的融券卖空量会减弱允许卖空的企业所受到的卖空压力。从控制变量的结果来看，其他控制变量例如企业规模 Size、成长性 Growth、资本支出 Capital、财务杠杆 Lev 等控制变量结果与邵帅和吕长江（2015）的研究结论相同，公司治理相关的控制变量第一大股东持股比例 First、股权制衡 Balance 和两职合一指标 Dual 与肖华和张国清（2013）的研究结论相同。这意味着，卖空机制的引入通过优化企业的投融资行为在长期内提升了企业的市场价值，验证了假设 H5 – 1。

表 5 – 4 卖空机制的引入与公司价值的回归结果

变量	（1）	（2）	（3）	（4）
	$Q_{i,t+1}$	$Q_{i,t+2}$	$Q_{i,t+3}$	$Q_{i,t+4}$
$Treatment_i \times Post_t$	0.647 *** （9.49）	0.640 *** （9.47）	0.626 *** （9.18）	0.619 *** （8.87）
$Size_{i,t}$	– 0.512 *** （– 13.02）	– 0.520 *** （– 13.32）	– 0.523 *** （– 13.59）	– 0.521 *** （– 13.78）
$Growth_{i,t}$	0.096 *** （5.95）	0.101 *** （6.45）	0.118 *** （6.79）	0.056 *** （3.53）
$Capital_{i,t}$	1.305 * （1.69）	1.086 （1.40）	0.751 （0.98）	0.011 （0.01）
$Lev_{i,t}$	– 1.249 *** （– 5.90）	– 1.136 *** （– 5.36）	– 1.055 *** （– 4.99）	– 0.974 *** （– 4.60）
$Age_{i,t}$	0.0167 * （1.96）	0.016 * （1.89）	0.015 * （1.79）	0.014 * （1.68）
$First_{i,t}$	1.371 *** （5.43）	1.279 *** （5.12）	1.184 *** （4.75）	1.098 *** （4.47）
$Balance_{i,t}$	0.350 *** （3.89）	0.335 *** （3.74）	0.316 *** （3.55）	0.290 *** （3.27）

变量	(1)	(2)	(3)	(4)
	$Q_{i,t+1}$	$Q_{i,t+2}$	$Q_{i,t+3}$	$Q_{i,t+4}$
$Dual_{i,t}$	0.138	0.129	0.138	0.145
	(1.58)	(1.46)	(1.53)	(1.59)
$Indepratio_{i,t}$	0.351	0.282	0.262	0.239
	(0.60)	(0.48)	(0.44)	(0.40)
$Soe_{i,t}$	−0.236***	−0.236***	−0.234***	−0.229***
	(−3.38)	(−3.40)	(−3.38)	(−3.30)
常数项	13.670***	14.530***	14.530***	13.930***
	(17.40)	(18.57)	(18.81)	(18.35)
季度	控制	控制	控制	控制
行业	控制	控制	控制	控制
样本数	21123	20399	19664	18758
Adj. R^2	0.411	0.412	0.406	0.398

注：（1）括号内为经过 White 修正的 t 值，且为了控制自相关问题在企业层面进行了聚类 cluster 处理；（2）***、**、*分别表示显著性水平为1%、5%、10%。

针对假设 H5-1 的检验结果表明，卖空机制作为一种外部的治理机制可以约束企业和管理者的不良行为，引导企业资源配置，并最终提升公司价值。由于卖空机制的本质是通过释放关于企业价值的负面信息而产生股价下跌的威胁并进而矫正企业的不良行为，所以我们有理由相信，卖空机制作为一种事前的威慑机制，将对那些内部治理较差的企业产生更大的影响。

针对假设 H5-2 的检验实质上检验的是在考虑不同的内部治理水平的企业引入卖空机制后是否存在显著差异，为此我们采用式（5-3）回归统计，在检验中控制行业和季度固定效应，其结果如表5-5中的 Panel B 所示，同时为了更直观地了解卖空机制的引入对于不同内部治理水平的公司价值的影响差异，我们还针对内部治理水平较差的样本即 High=1 和内部治理水平较好的样本即 High=0 分别进行了检验，如表5-5中的 Panel A 所示。

表 5 – 5　　　按照内部治理水平分层时卖空机制的引入与公司价值的回归结果

变量	Panel A 按内部治理水平分组回归		Panel B 总样本回归
	$Q_{i,t+1}$（High = 1）	$Q_{i,t+1}$（High = 0）	$Q_{i,t+1}$
$Treatment_i \times Post_t$	0.652 *** (7.71)	0.480 *** (4.56)	0.434 *** (7.42)
$Treatment_i \times Post_t \times High$			0.166 * (1.79)
$Size_{i,t}$	− 0.461 *** (− 7.31)	− 0.546 *** (− 11.32)	− 0.508 *** (− 13.40)
$Growth_{i,t}$	0.130 *** (5.35)	0.082 *** (3.99)	0.099 *** (6.14)
$Gapital_{i,t}$	1.070 (1.01)	1.230 (1.25)	1.289 * (1.68)
$Lev_{i,t}$	− 0.654 * (− 1.88)	− 1.356 *** (− 5.21)	− 1.261 *** (− 6.08)
$Age_{i,t}$	0.012 (0.81)	0.001 (0.03)	0.004 (0.49)
常数项	11.770 *** (9.70)	14.680 *** (14.36)	13.590 *** (17.15)
季度	控制	控制	控制
行业	控制	控制	控制
样本数	7440	13683	21123
Adj. R^2	0.432	0.404	0.400

注：（1）括号内为经过 White 修正的 t 值，且为了控制自相关问题在企业层面进行了聚类 cluster 处理；（2）***、**、* 分别表示显著性水平为 1%、5%、10%。

从表 5 – 5 中的 Panel A 结果可以看出，无论对于内部治理水平较差的企业还是对于内部治理水平较好的企业卖空机制的引入都显著提升了公司价值，但反映卖空机制引入的解释变量 Treatment × Post 的回归系数（0.652）大于内部治理水平较好企业的回归系数（0.480），这说明卖空机制的引入对内部治理水平不同的企业的价值影响存在差异。但在 Panel A 中我们只是对不同的样本分别进行了统计，还未检验两组样本之间的差异是否显著。为了确认两组样本之间的统计上是否存在显著差异，我们在 Panel B 中采用交乘项的方法对样本进行了检验，发现交乘项 Treatment × Post × High 的回归系数在 10% 的水平上显著为正。也就是说，在引入卖空机制后，相比内部治理水平较好的企业，内部治理水平较差的企业受到的卖空的事前威慑的影响更大，由此大股东和管理者不得不约束其不良的企业行为，其公司价值提升幅度更大，即验证了假设 H5 - 2。

针对假设 H5 - 3 的检验，我们采用式（5 - 4）进行了回归统计，在检验中控制行业和季度固定效应，结果如表 5 - 6 所示。表 5 - 6 中列（1）~ 列（3）中分别报告了公司价值分解方程中的三个变量的回归结果。从列（1）可以看出，交乘项 Treatment × Post 与 OIOP 的回归系数在 1% 的水平上显著为正。首先，从经济意义上看，OIOP 的倒数 1/OIOP 即为企业的市盈率，其反映的是企业未来的成长性，这个指标代表外部投资者对企业未来增长和经营风险的判断。而融资融券制度作为一种外生市场冲击，并未引起企业本身成长性的改变，由此交乘项 Treatment × Post 与 OIOP 之间的正相关性并非由成长性的改变所致。其次，由 OIOP 的含义可知，这种正相关性既可能是卖空机制的引入使经营业绩提升所致，也可能是卖空机制的引入使股价下降所致，因此，还需结合列（2）和列（3）的回归结果进行分析。然而，无论如何，交乘项 Treatment × Post 与 OIOP 存在显著为正的关系，意味着交乘项 Treatment × Post 与 1/OIOP 之间显著负相关，换言之，卖空机制的引入会导致 1/OIOP 显著降低，并由此带来公司价值 Q 的显著下降。

表 5 - 6 卖空机制的引入与公司价值分解变量的回归结果

变量	(1) $OIOP_{i, t+1}$	(2) $Levm_{i, t+1}$	(3) $Roa_{i, t+1}$
$Treatment_i \times Post_t$	0.0059 *** (2.92)	− 0.1260 *** (− 12.49)	0.0046 *** (5.77)
$Size_{i, t}$	0.0085 *** (11.71)	0.1070 *** (24.74)	0.0064 * (1.91)
$Growth_{i, t}$	0.0017 *** (2.81)	− 0.0081 (− 0.46)	0.0016 *** (4.78)

续表

变量	(1) OIOP$_{i,t+1}$	(2) Levm$_{i,t+1}$	(3) Roa$_{i,t+1}$
Capital$_{i,t}$	0. 0340 * (1. 84)	- 0. 2860 *** (- 2. 76)	0. 0328 *** (3. 55)
First$_{i,t}$	0. 0243 *** (4. 27)	- 0. 1770 *** (- 5. 05)	0. 0223 *** (7. 94)
Age$_{i,t}$	- 0. 0001 (- 0. 58)	- 0. 0015 (- 1. 33)	- 0. 0001 (- 1. 18)
Balance$_{i,t}$	0. 0056 *** (3. 17)	- 0. 0403 *** (- 3. 81)	0. 0051 *** (5. 61)
Dual$_{i,t}$	- 0. 0005 (- 0. 39)	- 0. 0110 (- 1. 20)	0. 0001 (0. 13)
Indepratio$_{i,t}$	- 0. 0093 (- 0. 69)	- 0. 0228 (- 0. 26)	- 0. 0104 (- 1. 43)
Soe$_{i,t}$	- 0. 0038 *** (- 3. 05)	0. 0340 *** (4. 13)	- 0. 0027 *** (- 3. 50)
常数项	- 0. 1860 *** (- 11. 78)	- 1. 8800 *** (- 18. 99)	- 0. 0106 (- 1. 32)
季度	控制	控制	控制
行业	控制	控制	控制
样本数	21123	21123	21123
Adj. R^2	0. 245	0. 562	0. 113

注：(1) 括号内为经过 White 修正的 t 值，且为了控制自相关问题在企业层面进行了聚类 cluster 处理；(2) ***、**、* 分别表示显著性水平为 1%、5%、10%。

从表 5 - 6 列 (2) 可知，交乘项 Treatment × Post 与市值财务杠杆 Levm 的回归系数在 1% 的水平上显著为负，这与第 4 章中有关卖空机制的引入对企业财务杠杆影响的实证检验结果一致。前面的研究结果表明，卖空机制的引入所产生的股价下跌压力不仅会导致企业的权益资本成本趋于上升，而且还会引发企业的债务资本成本趋于上升；不仅如此，由于我国企业在使用债务融资时多采用借贷的方式，而借贷债务的流动性较差，所以债权人对卖空机制的引入更加敏感，其结果使融资融券试点企业的债务资本成本的上升幅度大于权益资本成本的上升幅度，并表现为债务融资的减少程度超过权益融资的减少程度，致使企业的财务杠杆趋于下降。同时，除了被动地降低财务杠杆外，那些允许卖空的企业如果财务杠杆过高意味着更大的财务风险，更容易受到卖空者关注，因此，为了避免被卖空者"盯上"，减少遭受卖空攻击的可能性，企业也会选择主动降低财务杠杆，导致财务杠杆下降，因而与不允许卖空的企业相比，在卖空机制引入后，允许卖空的企业市值财务杠杆 Levm 显著下降，我们的研究结果与其一致。那么根据计算，此时 $1/(1 - \text{Levm})$ 也将下降，即交乘项 Treatment × Post 与 $1/(1 - \text{Levm})$ 之间显著负相关，卖空机制的引入会导致 $1/(1 - \text{Levm})$ 显著下降，并由此带来公司价值 Q 的显著下降。

由表 5 – 6 列（3）可见，交乘项 Treatment × Post 与分解式（3）中的第三项资产利润率 Roa 的回归系数在 1% 的水平上显著为正，即与不允许卖空的企业相比，卖空机制引入后，允许卖空的企业其以资产利润率体现的经营业绩提升了 4.6%，由此带来公司价值的上升。

通过上述分析可以看出，与不允许卖空的企业相比，引入卖空机制后，允许卖空的企业其分解式中的第一项 1/OIOP（季末的权益市场价值/企业季度的营业利润，即市盈率）和第二项 $1/(1 - \text{Levm})$（权益市值杠杆倒数）都会带来公司价值 TobinQ 的显著下降，仅第三项 Roa 带来了公司价值的显著提升。这说明，虽然卖空机制引入后，虽然短期内会对公司股价产生影响，矫正高估的股价，导致公司的权益市场价值下跌。但长期来看，卖空机制引入后，通过治理和矫正企业的不良行为从而改善了企业的经营业绩，提升了 Roa 水平，并由此带来了公司价值的提升，这与目前国内现有的有关卖空机制对于企业会计行为和财务行为影响的研究成果具有逻辑上的一致性。

同时，为了进一步验证卖空机制的引入对于企业经营绩效的长期影响，我们还继续对企业未来第二季度、第三季度、第四季度的经营绩效进行了实证检验，结果如表 5 – 7 所示。发现在引入卖空机制后，随着时间的推移，相比控制组样本，处理组中的融资融券标的公司的经营绩效的提升效果越来越明显，在未来一季度解释变量 Treatment × Post 的回归系数为 0.0046，二季度为 0.0045，三季度为 0.044，四季度为 0.0043，系数呈现出逐渐减小的特征，

这与前面关于卖空机制的引入对于公司价值提升效应的研究结论相契合。这
说明，卖空机制的引入在长期内能够提高企业的经营绩效，但随着季度的推
移，经营业绩的提升程度越来越弱，这与上述关于公司价值的检验结果一致。

表 5 – 7　　　　　卖空机制的引入对公司经营绩效长期影响的回归结果

变量	(1) $\text{Roa}_{i,t+2}$	(2) $\text{Roa}_{i,t+3}$	(3) $\text{Roa}_{i,t+4}$
$\text{Treatment}_i \times \text{Post}_t$	0.0045 *** (5.56)	0.0044 *** (5.37)	0.0043 *** (5.17)
$\text{Size}_{i,t}$	0.0005 (1.59)	0.0005 (1.44)	0.0006 * (1.67)
$\text{Growth}_{i,t}$	0.0007 (1.53)	– 0.0037 *** (– 10.04)	0.0052 *** (10.42)
$\text{Gapital}_{i,t}$	0.0203 ** (2.10)	0.0186 * (1.91)	0.0066 (0.66)
$\text{First}_{i,t}$	– 0.0001 (– 1.25)	– 0.0001 (– 1.26)	– 0.0001 (– 1.04)
$\text{Age}_{i,t}$	0.0204 *** (7.18)	0.0196 *** (6.71)	0.0178 *** (6.06)
$\text{Balance}_{i,t}$	0.0048 *** (5.17)	0.0045 *** (4.79)	0.0041 *** (4.32)
$\text{Dual}_{i,t}$	0.0001 (0.10)	– 0.0001 (– 0.14)	– 0.0000 (– 0.01)
$\text{Indepratio}_{i,t}$	– 0.0103 (– 1.41)	– 0.0108 (– 1.44)	– 0.0106 (– 1.42)
$\text{Soe}_{i,t}$	– 0.0026 *** (– 3.43)	– 0.0026 *** (– 3.31)	– 0.0026 *** (– 3.29)
常数项	– 0.0029 (– 0.37)	– 0.0003 (– 0.04)	– 0.0046 (– 0.59)
季度	控制	控制	控制
行业	控制	控制	控制
样本数	20627	19881	18945
Adj. R^2	0.104	0.109	0.112

　　注：（1）括号内为经过 White 修正的 t 值，且为了控制自相关问题在企业层面进行了聚类 cluster
处理；（2） *** 、 ** 、 * 分别表示显著性水平为 1% 、5% 、10% 。

5.5　稳健性检验

在前面卖空机制的引入与公司价值的检验中，为了得到更加稳健的回归结果，我们不仅对未来提前一季度的公司价值 $Q_{i,t+1}$，还对二季度 $Q_{i,t+2}$、三季度 $Q_{i,t+3}$ 和四季度 $Q_{i,t+4}$ 进行了检验，都发现与卖空机制引入的解释变量 Treatment × Post 在 1% 的水平上显著正相关，支持了假设 H5 – 1，这说明，卖空机制在长期内对于公司价值提升的结论具有稳健性。

对于卖空机制的引入与公司经营绩效的检验中，为了得到更加稳健的回归结果，我们同样地不仅按照公司价值方程进行分解对未来提前一季度的企业绩效 $Roa_{i,t+1}$ 进行了检验，还对二季度 $Roa_{i,t+2}$、三季度 $Roa_{i,t+3}$、四季度 $Roa_{i,t+4}$ 进行了检验，都发现与卖空机制引入的解释变量 Treatment × Post 在 1% 的水平上显著正相关，支持了假设 H5 – 3，这说明，卖空机制提高了企业的经营绩效的结论具有稳健性。

在此基础上，本书还进行了以下两项稳健性检验。其一，使用未进行配对处理的处理组与控制组的全样本进行稳健性检验，其中，处理组样本 447 个，控制组样本 804 个。为控制样本选择偏差问题，我们控制了与融资融券试点企业标准相关的变量，包括换手率（Turover，即企业股票季度日均换手率与基准指数日均换手率之比）、涨跌幅偏离值（Changeratio，即企业股票季度日均涨跌幅平均值与基准指数日均涨跌幅平均值之差）、波动幅度（Volatility，即企业股票季度日均波动幅度与基准指数日均波动幅度之比）以及使用流通市值的自然对数来反映的企业规模（Logmv）。限于篇幅，我们仅列示了全样本下卖空机制引入与公司价值之间关系的稳健性检验结果，如表 5 – 8 所示。不难看出，该统计结果与前述配对样本下的检验结果是一致的，随着时间的推移，卖空机制的引入对于公司价值的提升效果显著，但在数值上仍然呈现出逐渐减小的特征，仍然支持假设 H5 – 1。其二，使用年度数据替代季度数据作出稳健性检验，所选取的年度样本期间为 2007 ~ 2014 年。出于篇幅考虑，我们仅列示了年度数据全样本下卖空机制的引入与公司价值之间的稳健性检验结果，如表 5－9 所示。可以看出，该统计结果与前述季度数据下的研究结果是一致的，仍然支持假设 H5－1。

表 5－8　　季度全样本下卖空机制的引入与公司价值之间的稳健性检验

变量	采用季度全样本回归			
	（1）	（2）	（3）	（4）
	$Q_{i,t+1}$	$Q_{i,t+2}$	$Q_{i,t+3}$	$Q_{i,t+4}$
$Treatment_i \times Post_t$	0.6670 *** (10.54)	0.6370 *** (10.13)	0.6200 *** (9.68)	0.5980 *** (9.18)
$Logmv_{i,t}$	－0.7600 *** (－20.25)	－0.7550 *** (－20.13)	－0.7500 *** (－20.19)	－0.7430 *** (－20.48)
$Growth_{i,t}$	0.0902 *** (5.64)	0.0969 *** (6.03)	0.0977 *** (5.77)	0.0413 *** (2.76)
$Gapital_{i,t}$	1.8980 *** (2.99)	1.6490 *** (2.65)	0.9650 (1.57)	0.4930 (0.81)
$Lev_{i,t}$	－0.8470 *** (－4.71)	－0.7460 *** (－4.18)	－0.6640 *** (－3.75)	－0.6020 *** (－3.43)
$Age_{i,t}$	0.0313 *** (4.19)	0.0314 *** (4.17)	0.0301 *** (3.98)	0.0282 *** (3.74)
$First_{i,t}$	1.2070 *** (5.32)	1.1560 *** (5.14)	1.0560 *** (4.74)	0.9680 *** (4.42)
$Balance_{i,t}$	0.3420 *** (4.67)	0.3330 *** (4.58)	0.3100 *** (4.29)	0.2870 *** (4.02)
$Dual_{i,t}$	0.1010 (1.38)	0.0953 (1.29)	0.1080 (1.43)	0.1090 (1.44)
$Indepratio_{i,t}$	1.3400 ** (2.23)	1.3110 ** (2.17)	1.2790 ** (2.10)	1.2040 ** (1.98)
$Soe_{i,t}$	－0.2660 *** (－4.31)	－0.2650 *** (－4.27)	－0.2620 *** (－4.24)	－0.2480 *** (－4.02)
$Turover_{i,t}$	－0.5800 *** (－11.34)	－0.5070 *** (－10.10)	－0.4740 *** (－9.55)	－0.4430 *** (－9.24)
$Changeratio_{i,t}$	40.2600 *** (10.01)	33.7500 *** (8.42)	26.7700 *** (6.73)	18.6500 *** (4.73)

续表

变量	采用季度全样本回归			
	(1)	(2)	(3)	(4)
	$Q_{i,t+1}$	$Q_{i,t+2}$	$Q_{i,t+3}$	$Q_{i,t+4}$
Volatility$_{i,t}$	0. 1640 ***	0. 1500 ***	0. 1420 ***	0. 1480 ***
	(8. 19)	(7. 07)	(6. 60)	(7. 09)
常数项	18. 1800 ***	18. 8300 ***	18. 7400 ***	18. 0800 ***
	(23. 71)	(24. 52)	(24. 58)	(24. 08)
季度	控制	控制	控制	控制
行业	控制	控制	控制	控制
样本数	32195	31045	29955	28787
Adj. R^2	0. 438	0. 435	0. 430	0. 426

注:(1) 下标 t 表示季度;括号内为经过 White 修正的 t 值,且为控制自相关问题在企业层面进行了聚类 cluster 处理;(2) *** 、** 、* 分别表示显著性水平为 1% 、5% 、10% 。

表 5 – 9   年度全样本下卖空机制的引入与公司价值之间的稳健性检验

变量	采用季度全样本回归			
	(1)	(2)	(3)	(4)
	$Q_{i,t+1}$	$Q_{i,t+2}$	$Q_{i,t+3}$	$Q_{i,t+4}$
Treatment$_i$ × Post$_t$	0. 7160 ***	0. 5650 ***	0. 4700 ***	0. 3420 ***
	(8. 23)	(6. 42)	(4. 40)	(3. 08)
Size$_{i,t}$	- 0. 7130 ***	- 0. 7150 ***	- 0. 6510 ***	- 0. 5570 ***
	(- 19. 53)	(- 19. 68)	(- 17. 25)	(- 14. 66)
Growth$_{i,t}$	0. 2830 ***	0. 1100 *	- 0. 0393	0. 0038
	(4. 82)	(1. 69)	(- 0. 56)	(0. 04)
Capital$_{i,t}$	- 0. 2600	- 1. 1000 **	- 0. 9820 *	- 1. 1910 **
	(- 0. 56)	(- 2. 04)	(- 1. 75)	(- 2. 06)
Lev$_{i,t}$	- 0. 5920 ***	- 0. 5750 ***	- 0. 3310	- 0. 2440
	(- 3. 29)	(- 2. 99)	(- 1. 60)	(- 1. 08)
Age$_{i,t}$	0. 0313 ***	0. 0321 ***	0. 0303 ***	0. 0360 ***
	(4. 15)	(3. 90)	(3. 48)	(3. 96)
First$_{i,t}$	1. 1750 ***	1. 2520 ***	1. 0150 ***	0. 6320 **
	(5. 42)	(5. 18)	(3. 92)	(2. 34)

续表

变量	采用季度全样本回归			
	（1）	（2）	（3）	（4）
	$Q_{i,t+1}$	$Q_{i,t+2}$	$Q_{i,t+3}$	$Q_{i,t+4}$
$Balance_{i,t}$	0.3630 ***	0.3880 ***	0.3620 ***	0.2470 ***
	(4.84)	(4.96)	(4.31)	(2.79)
$Dual_{i,t}$	0.1380 *	0.1580 *	0.2300 **	0.2360 **
	(1.78)	(1.82)	(2.46)	(2.30)
$Indepratio_{i,t}$	1.4220 **	1.4360 **	1.5610 **	1.1450
	(2.19)	(2.02)	(2.01)	(1.39)
$Soe_{i,t}$	−0.1770 ***	−0.2090 ***	−0.1850 ***	−0.1840 **
	(−2.77)	(−3.06)	(−2.62)	(−2.47)
常数项	16.0100 ***	17.4600 ***	16.2100 ***	13.5400 ***
	(22.52)	(23.59)	(21.01)	(16.71)
季度	控制	控制	控制	控制
行业	控制	控制	控制	控制
样本数	32195	31045	29955	28787
Adj. R^2	0.438	0.435	0.430	0.426

注：（1）下标 t 表示年度；括号内为经过 White 修正的 t 值，且为控制自相关问题在企业层面进行了聚类 cluster 处理；（2）*** 、** 、* 分别表示显著性水平为 1% 、5% 、10% 。

5.6　本章小结与讨论

本章以我国证券市场 2010 年 3 月 31 日推行的融资融券制度这一准自然实验为研究窗口，通过合理选择非融资融券标的公司与融资融券标的公司进行配对，使用双重差分法检验了卖空机制的引入对公司价值的实际影响。

研究发现，从长期来看，卖空机制的引入使卖空者能更好地挖掘和披露企业的负面信息，识别管理者的隐藏信息，使内部人或管理者面临企业股价下跌自身财富或者职位安全受到损害的威胁，所以给企业内部人和管理者带来事前威慑，因此，卖空机制的引入可以有效监督内部人或管理者行为的作用，促使内部人或管理者减少过度投资，在长期内提升公司价值。不仅如此，卖空机制的引入虽然在短期矫正了高估的股价，使公司股价下跌，但从长期来看提高了资本市场的定价效率，增加了股价中的信息含量，使股价能更好地反映公司的真实价值和成长机会，那么管理者可以通过股价更好地进行学习，从而更加合理地决定公司的投资决策，提高企业的投资效率，在长期内提升公司价值。因此，与不允许卖空的企业相比，在卖空机制引入后，允许卖空的企业其公司价值在长期内显著提升，而且随着时间的推移，卖空机制对于公司价值的提升效应更加显著。结合企业特征检验发现，卖空机制可以弥补公司内部治理的不足，约束管理者的不良投融资行为，从而提升公司价值。所以相比内部治理水平较好的企业，在卖空机制引入后，内部治理水平较差的企业其公司价值在长期内提升幅度更大。进一步对卖空机制对于公司价值的作用路径进行检验，发现卖空机制对于公司价值的提升主要是通过提高企业未来的经营绩效，所以与不允许卖空的企业相比，卖空机制引入后，允许卖空的企业未来的经营绩效显著提高，而且随着时间的推移，卖空机制对于企业经营绩效的提升效应更加显著。

卖空机制的引入作为我国股票市场交易制度的重要改革创新，对股票市场的资源配置，以及实体经济尤其是上市公司的资源配置均具有重要影响。本书的研究结论表明，尽管我国引入卖空机制时间不长且实际的融券卖空量也较小，但卖空机制已通过优化或约束企业行为使企业价值得以显著提升。然而，我国股票市场的融券券源供给较小，使卖空机制在企业资源配置方面所发挥的作用较为有限，并且表现出随时间推移作用程度趋于减弱的事实。鉴于此，本书建议应在加强融资融券业务监管、强化融资融券业务风险控制的基础上，继续积极稳妥地发展融资融券业务，进一步放松卖空约束，扩大融券券源，应充分发挥卖空这种来自证券市场的外部机制的治理效应和股票市场反馈效应，有效地约束和矫正企业不当行为。从国外资本市场经验来看，卖空机制作为成熟资本市场上的基础制度，不可或缺。相比依靠监管机构对上市公司进行监管，通过卖空机制，鼓励投资者利用自身优势和分析能力，监督和揭示上市公司违法违规行为，这无疑增加了市场化的制约力量，激励和约束企业矫正其不良行为，从而实现更高的公司价值。本章的研究结论验证了市场机制完善的重要性，这为进一步推进金融体制改革，尤其是卖空管制的放松提供了微观层面的经验证据。卖空机制不仅对于完善我国证券市场基础交易制度，发挥证券市场功能，而且对于促进上市公司健康发展都具有重要的意义。

第6章 结论

6.1 主要研究结论

中国证券市场经过将近30年的高速发展，市场投资规模和投资人数不断壮大，投资品种也越来越丰富，市场监管和约束机制逐渐加强。但长期以来，我国证券市场因不允许卖空使投资者面临只能"买涨不买跌"的困局，造成中国股市"单边市"的结构性缺陷。直至2010年3月31日，我国证券市场正式启动融资融券交易试点，随着融资融券制度的推行，部分上市公司被允许卖空，使投资者不仅可以买涨还可以买跌，打破了我国证券市场一直以来的"单边市"状态。

近年来，由于西方发达国家在2008年金融危机以来开始暂时实行卖空禁令，关于引入卖空机制所产生的经济后果又被学者们重新关注。早期的研究主要集中于卖空机制对证券市场资源配置的影响，随着研究的深入，学者们开始关注到卖空机制对于实体经济资源配置的影响。随着我国证券市场融资融券制度的推行，国内学者也开始关注这一问题。本书在国内外学者研究的基础上，在国内首次从卖空的事前威慑的视角对我国融资融券制度的推行所引入的卖空机制对于企业的投融资行为及实体经济的资源配置效率进行了系统性的研究。本书以我国证券市场2010年3月31日推行的融资融券制度这一准自然实验为研究窗口，通过合理选择非融资融券标的企业与融资融券标的企业进行配对，使用双重差分法检验了卖空机制的引入对企业投融资行为包括企业新增外部融资、财务杠杆、投资水平、投资效率的影响，并在此基础上，继续探讨了卖空机制的引入通过改善企业投融资行为对于公司价值和企业经营绩效的影响，最终得出以下结论。

（1）对于企业的融资行为，研究发现，与不允许卖空的企业相比，允许卖空的企业其新增的外部权益融资、债务融资以及外部融资总额均显著地减少，且新增债务融资的减少程度要比新增外部权益融资的减少程度更大，企业在融资方式上仍倾向于权益融资，并引起了财务杠杆的下降。这些结果在那些内部治理水平较差或正向盈余管理程度较高的企业中得到了进一步的体现。

（2）对于企业的投资水平，研究发现，与不允许卖空的企业相比，允许卖空的企业其投资水平下降包括总资产的改变量、固定资产和无形资产投资支出、固定资产投资支出均显著地减少，而且对于那些在融资融券政策实施前融资约束程度高和价值相对被高估的企业，卖空机制的引入对于投资水平的下降影响程度更大。进一步对于企业资源配置效率的研究发现，卖空机制的引入所导致的投资水平的下降是有效率的，与不允许卖空的企业相比，允许卖空的企业投资—成长机会的敏感性提高，过度投资减少，当期的投资水平提升了后期的市场业绩，所以卖空机制的引入改善了企业的资源配置，提高了实体经济的资源配置效率。

（3）对于公司价值和企业经营绩效，研究发现，与不允许卖空的企业相比，在卖空机制引入后，允许卖空的企业其公司价值显著提升，而且对于内部治理水平差的企业其公司价值提升效果更明显。进一步对提升公司价值的影响路径研究发现，卖空机制对于公司价值的提升主要是通过提高企业的经营绩效，与不允许卖空的企业相比，在卖空机制引入后允许卖空的企业其经营绩效也显著提高。

（4）对于卖空的事前威慑的治理效应，研究表明，卖空机制能通过潜在的卖空者挖掘和传递负面信息可能会带来股价下跌的压力，从而威胁企业价值以及管理者的自身财富和工作安全，所以能约束管理者采取不良投融资行为的冲动。本书通过对企业内部治理水平和正向盈余管理程度进行分层检验，发现卖空机制的引入对于那些公司内部治理水平差和盈余管理程度高的企业融资行为影响程度更大，对于内部治理差的企业公司价值提升效应更大。这说明卖空机制作为一种来自外部证券市场基于（负面）信息交易和传递的治理机制，可以通过弥补企业内部治理水平的不足，对企业的投融资行为产生规制作用，并提升其公司价值。总之，卖空机制已成为我国上市公司的一种来自外部市场的重要治理机制，且正通过事前威慑效应的发挥而规制着企业的投融资行为。

（5）对于卖空机制与企业资源配置的研究表明，研究表明，尽管我国卖空机制的引入时间不长且实际的卖空交易量也比较小，但卖空机制通过优化企业的投资行为，减少了企业的过度投资，提高了企业的投资效率，提升了企业的价值创造能力，最终对企业的经营绩效产生了正向影响，对实体经济的资源配置发挥了积极的作用。因此，我国证券市场融资融券制度的推行所引入的卖空机制不仅改善了证券市场的资源配置效率，还对实体经济产生了积极影响，改善了实体经济的资源配置。因此，我们建议应继续扩大融资融券标的证券种类和范围，尤其是应进一步完善转融券制度，积极推动社保基金、公募基金、信托、保险、资管等专业机构投资者参与证券出借业务，丰富券源渠道，优化融券和转融券业务模式，减少市场卖空限制，降低融资融券交易成本，从而使我国的卖空机制在企业的资源配置过程中不仅起到事前的威慑作用，还能进一步发挥其事后的惩罚作用。

6.2 研究贡献

本书作为较早系统地考察卖空机制的引入对于企业资源配置的关系的著作，主要有以下的研究贡献。

第一，不同于国内现有文献关于卖空机制对于企业行为的研究，本书首次将卖空机制的治理效应分为事前威慑效应和事后惩罚效应，并基于我国融资融券制度的制度背景和实施现状，从卖空的事前威慑视角出发，探讨了我国证券市场卖空机制的引入对于企业投融资决策和资源配置的影响效果和作用机理。实证结果表明，卖空机制的引入所带来事前威慑对企业的不良行为能够起到约束治理作用，对企业的融资、投资等财务行为及其决策能起到应用的优化作用，并提升企业价值。这是对卖空机制作为外部证券市场治理机制能有效地提升公司治理、优化企业财务行为的进一步论证，有助于丰富公司治理的理论与应用研究。

第二，弥补了卖空机制的引入对于企业融资行为的研究不足。目前国内学者关于企业重要的且与资本市场密切相关的融资行为尚未涉足，国外学者也仅关注到卖空机制对于企业融资成本的影响，对外部融资的问题有所涉及尚不全面。本书针对卖空机制对于企业融资行为的作用机理以及对外部融资的决策、融资方式的选择和资本结构的决定等影响作出了全面的研究和检验，是对卖空机制对于企业融资行为相关研究的有益补充。并且发现，由于我国企业大部分债务融资是银行借贷，借贷市场的流动性远小于权益市场，因此，我国借贷市场上的债权人对卖空机制的引入更加敏感，卖空机制引入使企业债务资本成本上升幅度大于权益资本的上升幅度，相应的债务融资减少程度超过权益融资的减少程度，导致了企业资本结构的下降，得出了与西方成熟市场不同的研究结论。

第三，完善了卖空机制的引入对于企业财务行为作用路径的研究。目前国内学者更多的是从卖空的事前威慑的治理效应出发，讨论卖空机制引入对于企业投资行为的规制作用，本书研究发现，卖空机制不仅会通过卖空的事前威慑所带来的治理效应改善企业的资源配置，还能在提高证券市场资源配置的情况下进一步通过证券市场反馈作用来更好地引导企业投资，提高资源配置效率。本书对卖空机制这一证券市场交易机制对企业投资行为的反馈作用影响路径的研究，既是对卖空机制对于企业投资行为作用机理和影响路径的有益补充，也有助于进一步丰富证券市场对企业投资行为的反馈作用研究。

第四，为中国证券市场融资融券制度的实施对于实体经济资源配置所产生的政策效果提供了证据。本书基于中国证券市场卖空机制的实施情况，并结合我国上市企业特定的公司治理特征，并综合考虑企业的其他异质性特征，讨论了卖空机制的引入在中国资本市场环境下将有何不同，能否像西方成熟资本市场一样对于企业的资源配置发挥积极的作用。对于这个问题的回答，不仅为我国融资融券制度的实施对实体经济的资源所产生的政策效果提供了新的经验证据、作出了有益的补充，也为进一步完善我国融资融券制度和公司治理提供了理论参考。

6.3　研　究　局　限

第一，受限于现有的样本数据，本书只是基于我国融资融券制度的推行所带来的准自然实验的研究机会，采用双重差分法，从卖空的事前威慑的角度对卖空机制的引入进行了检验，但并未直接对我国实际的卖空量——融券余额进行检验。这主要是因为我国卖空机制的引入时间不长，卖空的交易成本较高，而且出借券源较少，使实际的融券余额较少，在实证上进行研究十分困难。同样受限于现有的样本数据，卖空的事前威慑效应的强度取决于卖空约束的放松程度，也就是可供出借的股票数量，即卖空供应量，而关于这个指标国内的数据披露较少，证券公司没有披露能够用于融券的股票供应量数据，中国证券金融股份有限公司也没有披露能够从投资者处借入的股票的转融券供应数据，使卖空的供应量至今无法找到合适的指标来进行衡量，所以我们对卖空的事前威慑的强度衡量只是依据是否允许卖空来进行划分。因此，本书只是以我国融资融券的推行为契机，从卖空所带来的事前威慑的角度，采用双重差分法对于卖空机制的引入对企业投融资决策进行了实证检验。

第二，因 2015 年发生股市波动，融资融券政策有所调整，因此，2015 年前后融资融券制度有了一定的区别，本书的样本选取主要是波动发生之前，采用了 2007 年第一季度到 2015 年第一季度作为研究的样本区间，在年份上只有 8 年的时间。由于我国融资融券试点虽然在 2010 年正式启动，但直到 2011 年 11 月融资融券业务才正式由试点转入常规，融资融券标的大规模扩容也主要发生在 2013 年，本书所选取的四批融资融券样本有两批共 243 家配对样本发生在 2013 年，占 382 家配对样本总量的 63.6%。所以从样本期间来看，截至 2015 年第一季度融资融券制度的实施时间还较短，本书更多的是探讨股市波动发生前中短期内卖空机制的引入对于实体经济产生的后果，对引入卖空机制的长期影响研究以及股市波动之后卖空机制的影响还不足。

第三，本书对实体经济资源配置的研究，侧重于对公司投融资行为的整体研究，但对于融资行为的分析不够深入，没能就卖空机制的引入对企业权益和债务资本成本的影响作出直接检验，而是针对理论推论的结果即对企业新增权益和债务融资额进行了检验；对于投资行为的分析也不够全面，没有考虑企业大额投资，例如并购、R&D 投资等。而且，本书更多的是讨论卖空机制对于实体经济产生的经济后果，对产生该影响的作用机制和影响路径的深入检验还不足。

6.4　未来的研究方向

自 2010 年我国融资融券试点以来，融资融券制度的发展已有十年有余，融资融券标的规模不断扩大，配套制度日益完善，融资融券制度已成为我国资本市场基础交易制度之一。截至 2020 年 12 月，融资融券标的经过六次扩容，目前融资融券标的增加至 1600 家，约占整个 A 股的 1/2，市场融资融券标的市值占总市值比重达到 80% 以上，中小板、创业板股票市值占比大幅提升。转融券制度也逐步推进，机构投资者参与规模逐步扩大。鉴于本书的研究较早地主要从卖空的事前威慑的视角探讨了卖空机制的引入对于实体经济企业投融资决策及其资源配置效率的影响，基于融资融券制度的快速发展，不可避免地存在一些研究局限。未来，笔者认为在以后可以从以下三个方面做进一步的研究。

第一，细化已有的研究，完善卖空机制的事后效应检验。目前关于卖空机制的影响，国内现有的研究大部分基于双重差分法来评估融资融券制度实施所带来的净效应。但双重差分法只能将样本区分为融资融券标的和非融资融券标的，无法进行进一步的细致研究。在未来，随着融资融券标的证券种类和范围的扩大，融券业务发展得更加成熟，可以直接利用卖空的供应量作为卖空的事前威慑程度的衡量，进一步检验不同的卖空事前威慑强度下对于企业投融资行为的影响，为卖空的事前威慑的治理效应提供更加细致的研究证据。同时，随着我国融券制度和转融券的制度发展，不仅要关注我国的卖空机制在企业的资源配置过程中起到的事前威慑作用，还需要关注卖空机制的事后惩罚作用，利用实际的融券交易（融券余额）

作为衡量指标，直接从卖空机制的事后效应出发，为卖空机制的治理效应进一步补充检验证据。

第二，拓展股市波动之后的研究。我国融资融券制度自 2010 年 3 月 31 日正式启动以来，经历了 2010～2011 年试点启动的萌芽期，2011～2013 年正式转入常规、首轮增长期，2014 年的逐步扩容、高速增长期，2015 年股市波动以后的增长减速期，2016 年之后的重新恢复增长期。但受制于研究时间的局限，国内近几年来关于卖空机制的研究多采用 2015 年股市波动之前的数据。而 2015 年股市波动时，卖空的作用受到质疑，不少业界人士指出，由于我国上市公司股权相对集中，市场上可出借券源较少，实质上很多上市公司面临"无券可融"的情况，融券交易更多地被投资者作为规避市场交易规则的手段。相比于股指期货做空制度，我国个股融券卖空制度尚不成熟，在交易制度设计、交易规模上都与成熟资本市场存在较大差距。因此，我们有必要以股市波动作为契机，拓展已有的研究范围，补充股市波动时和股市波动后融券卖空的检验证据，并与股市波动之前的相关研究结论进行比较，这样才能对融资融券制度的整个发展历程进行全面的评价，也能对卖空机制的实际效果作出合理的评估。

第三，补充科创板的检验证据。2019 年科创板的推出，迈出了中国资本市场改革的重要一步。科创板以市场化为导向，实施以信息披露为核心的注册制，在发行上市、信息披露、交易、退市等基础制度上都进行了改革创新。其中，对于融资融券制度也进行了优化，扩大融资融券标的规模、增加市场券源供给、优化转融券交易机制等，促进科创板融资融券业务平衡发展。可以看出，相比沪深两市，科创板在融资融券制度设计更加优化，其整体制度设计尤其是注册制的实施也更接近美国、中国香港地区等成熟资本市场，在这样的市场环境中探讨作为成熟资本市场基础交易制度的融资融券制度，将更具有现实意义，结论也更为可靠。那么，在这种全新的证券市场制度背景下，在这种融资融券业务发展更加平衡的环境下，科创板融资融券交易行为和 A 股其他板块有何不同，将对科创板证券市场和上市公司行为产生哪些影响，进一步的科创板融资和融券交易对于证券市场和公司行为的具体影响路径和作用机理是什么，两种交易制度存在哪些差异，这些都是我们接下来值得研究的问题。科创板作为我国资本市场的重要制度改革，被誉为是"资本市场改革发展的试验田"。而融资融券制度作为成熟资本市场上的基础交易制度，探索如何改进和完善该制度对于我国资本市场建立有效的对冲机制、完善信用交易机制设计都具有重要的意义。未来在科创板注册制背景下，探索融资融券机制的作用机理和影响效果，一方面可能得出不同于当前沪深股市的理论预期；另一方面随着注册制改革的推进，有关科创板的融资融券制度的经验也可以在未来为我国资本市场其他板块的注册制改革提供借鉴。

附　　录

我国融资融券业务的主要相关法律法规、管理办法和公告

发布日期	相关文件
2005 年 10 月 27 日	修订《中华人民共和国证券法》
2006 年 6 月 30 日	中国证监会发布《证券公司融资融券试点管理办法》 《证券公司融资融券业务试点内部控制指引》
2006 年 8 月 21 日	沪深交易所发布《融资融券交易试点会员业务指南》 《融资融券交易试点实施细则》
2006 年 8 月 29 日	中国证券登记结算有限责任公司发布《中国证券登记结算有限责任公司融资融券试点登记结算业务实施细则》
2006 年 9 月 5 日	中国证券业协会公布《融资融券合同必备条款》 《融资融券交易风险揭示书必备条款》
2008 年 4 月 25 日	国务院出台《证券公司监督管理条例》 《证券公司风险处置条例》
2010 年 1 月 8 日	国务院原则上同意开展证券公司融资融券业务试点
2010 年 1 月 22 日	证监会发布"关于开展证券公司融资融券业务试点工作的指导意见"
2010 年 2 月 12 日	沪深交易所发布"关于融资融券业务试点初期标的证券与可充抵保证金证券范围的通知"
2010 年 3 月 22 日	沪深交易所发布《融资融券交易试点会员业务指南（2010 年修订）》、上交所发布《上海证券交易所市场参与者融资融券技术实施指引》
2010 年 3 月 30 日	沪深交易所发布"关于启动融资融券交易试点相关事项的通知"
2010 年 12 月 31 日	沪深交易所发布"关于融资融券标的证券范围暂不调整的通知"
2011 年 10 月 26 日	证监会修订《证券公司融资融券业务管理办法》《证券公司融资融券业务内部控制指引》，发布《转融通业务监督管理试行办法》
2011 年 11 月 25 日	沪深交易所发布"关于扩大融资融券标的证券范围的通知"，同时发布《融资融券交易实施细则》 中国证券业协会修订《融资融券合同必备条款》《融资融券交易风险揭示书必备条款》

续表

发布日期	相关文件
2011 年 12 月 12 日	中国证券登记结算有限责任公司修订《中国证券登记结算有限责任公司融资融券试点登记结算业务实施细则》
2012 年 5 月 18 日	上海证券交易所发布"关于交易所交易基金作为融资融券标的证券相关事项的通知"
2012 年 5 月 24 日	深圳证券交易所发布"关于交易型开放式指数基金作为融资融券标的证券相关事项的通知"
2012 年 8 月 27 日	沪深交易所发布《转融通证券出借交易实施办法》（试行） 中国证券金融公司发布《中国证券金融股份有限公司转融通业务保证金管理实施细则（试行）》《中国证券金融股份有限公司转融通业务规则（试行）》
2013 年 1 月 25 日	沪深交易所发布"关于调整融资融券标的股票范围的通知"
2013 年 3 月 22 日	上海证券交易所发布"上海证券交易所转融通证券出借交易业务会员及其他交易参与人指南"
2013 年 3 月 18 日	沪深交易所发布"关于上市公司限售股份、解除限售存量股份参与融资融券交易相关问题的通知"
2013 年 8 月 28 日	证监会发布"上市公司日常信息披露工作备忘录 第十一号 融资融券、转融通相关信息披露规范要求"
2013 年 9 月 6 日	沪深交易所发布"关于扩大融资融券标的证券范围的通知"
2014 年 9 月 12 日	沪深交易所发布"关于扩大融资融券标的股票范围相关事项的通知"
2014 年 10 月 11 日	深圳证券交易所发布"关于修改《深圳证券交易所融资融券交易实施细则》第 6.1 条的通知"
2014 年 11 月 26 日	上海证券交易所发布《上海证券交易所融资融券交易会员业务指南（2014 年修订版）》
2015 年 4 月 17 日	四部门联合发布《关于促进融券业务发展有关事项的通知》，证券业协会发布《基金参与融资融券及转融通证券出借业务指引》
2015 年 7 月 1 日	沪深交易所发布《融资融券交易实施细则（2015 年修订）》 证监会发布《证券公司融资融券业务管理办法》
2015 年 8 月 3 日	上海证券交易所发布"关于修改《上海证券交易所融资融券交易实施细则（2015 年修订）》第十五条的通知" 深圳证券交易所发布"关于修改《深圳证券交易所融资融券交易实施细则（2015 年修订）》第 2.13 条的通知"
2015 年 11 月 13 日	上海证券交易所发布"关于修改《上海证券交易所融资融券交易实施细则（2015 年修订）》第三十八条的通知" 深圳证券交易所发布"关于修改《深圳证券交易所融资融券交易实施细则（2015 年修订）》第 4.5 条的通知"

续表

发布日期	相关文件
2015 年 12 月 9 日	中国证券金融股份有限公司（简称中证金融公司）发布"关于触发指数熔断时转融券业务有关事项的通知"
2016 年 12 月 2 日	沪深交易所发布"关于扩大融资融券标的股票范围相关事项的通知" 上海证券交易所发布"关于修改《上海证券交易所融资融券交易实施细则》第三十五条、第六十五条的通知" 深圳证券交易所发布"关于修改《深圳证券交易所融资融券交易实施细则》第 4.2 条、第 8.1 条的通知"
2017 年 3 月 17 日	沪深交易所发布"关于调整融资融券标的证券范围的通知" 上海证券交易所决定建立融资融券标的证券定期评估调整机制，每季度末对标的证券进行评估并视情况实施调整
2019 年 8 月 7 日	中证金融公司整体下调转融资费率80BP
2019 年 8 月 9 日	沪深交易所发布"关于扩大融资融券标的股票范围相关事项的通知" 沪深交易所修改维持担保比例等若干条款
2020 年 7 月 3 日	中国证券金融股份有限公司（简称中证金融公司）发布"关于修改《中国证券金融股份有限公司转融通业务保证金管理实施细则（试行）》第十九条和《转融通业务合同》第六十九条的通知"，取消证券公司转融通业务保证金提取比例限制
2021 年 3 月 31 日	深圳证券交易所发布关于修改《深圳证券交易所融资融券交易实施细则》的通知，对涉及中小板的条款进行了修改

参 考 文 献

[1] 白重恩，刘俏，陆洲，等．中国上市公司治理结构的实证研究 [J]．经济研究，2005 (2)：81 – 91.

[2] 才静涵，夏乐．卖空制度、流动性与信息不对称问题研究——香港市场的个案 [J]．管理科学学报，2011，14 (2)：71 – 85.

[3] 陈国进，张贻军．异质信念、卖空限制与我国股市的暴跌现象研究 [J]．金融研究，2009 (4)：80 – 91.

[4] 陈海强，韩乾，吴锴．现金流波动、盈利稳定性与公司价值——基于沪深上市公司的实证研究 [J]．金融研究，2012 (9)：181 – 194.

[5] 陈晗，王霖牧．全球股票市场卖空交易机制的演进与发展分析 [J]．证券市场导报，2012 (9)：37 – 45.

[6] 陈晖丽，刘峰．融资融券的治理效应研究——基于公司盈余管理的视角 [J]．会计研究，2014 (9)：44 – 52，96.

[7] 陈淼鑫，郑振龙．卖空机制对证券市场的影响：基于全球市场的经验研究 [J]．世界经济，2008a (12)：73 – 81.

[8] 陈淼鑫，郑振龙．推出卖空机制对证券市场波动率的影响 [J]．证券市场导报，2008b (2)：61 – 65.

[9] 陈胜蓝，马慧．卖空压力与公司并购——来自卖空管制放松的准自然实验证据 [J]．管理世界，2017 (7)：142 – 156.

[10] 褚剑，方军雄．中国式融资融券制度安排与股价崩盘风险的恶化 [J]．经济研究，2016，51 (5)：143 – 158.

[11] 古志辉，郝项超，张永杰．卖空约束、投资者行为和 A 股市场的定价泡沫 [J]．金融研究，2011 (2)：129 – 148.

[12] 顾乃康，陈辉. 股票流动性、股价信息含量与企业投资决策 [J]. 管理科学，2010，23 (1)：88 - 97.

[13] 顾乃康，张超，孙进军. 影响资本结构决定的核心变量识别研究 [J]. 当代财经，2007 (11)：41 - 48.

[14] 侯青川，靳庆鲁，刘阳. 放松卖空管制与公司现金价值——基于中国资本市场的准自然实验 [J]. 金融研究，2016 (11)：112 - 127.

[15] 黄贵海，宋敏. 资本结构的决定因素——来自中国的证据 [J]，经济学（季刊），2004 (1)：394 - 414.

[16] 黄少安，张岗. 中国上市公司股权融资偏好分析 [J]. 经济研究，2001 (11)：12 - 20，27.

[17] 靳庆鲁，侯青川，李刚，等. 放松卖空管制、公司投资决策与期权价值 [J]. 经济研究，2015，50 (10)：75 - 88.

[18] 黎文靖，孔东民. 信息透明度、公司治理与中小股东参与 [J]. 会计研究，2013 (1)：42 - 49，95.

[19] 李君平，徐龙炳. 资本市场错误定价、融资约束与公司融资方式选择 [J]. 金融研究，2015 (12)：113 - 129.

[20] 李科，徐龙炳，朱伟骅. 卖空限制与股票错误定价——融资融券制度的证据 [J]. 经济研究，2014，49 (10)：164 - 178.

[21] 李万福，林斌，宋璐. 内部控制在公司投资中的角色：效率促进还是抑制? [J]. 管理世界，2011 (2)：81 - 99，188.

[22] 李志生，陈晨，林秉旋. 卖空机制提高了中国股票市场的定价效率吗? ——基于自然实验的证据 [J]. 经济研究，2015，50 (4)：164 - 177.

[23] 李志生，杜爽，林秉旋. 卖空交易与股票价格稳定性——来自中国融资融券市场的自然实验 [J]. 金融研究，2015 (6)：173 - 188.

[24] 连玉君，苏治. 融资约束、不确定性与上市公司投资效率 [J]. 管理评论，2009，21 (1)：19 - 26.

[25] 廖理，朱正芹. 中国上市公司股权融资与债权融资成本实证研究 [J]. 中国工业经济，2003 (6)：63 - 69.

[26] 廖士光. 证券市场卖空交易机制套期保值功能研究 [J]. 当代经

济管理, 2006 (5): 110 – 113.

[27] 廖士光. 融资融券交易价格发现功能研究——基于标的证券确定与调整的视角 [J]. 上海立信会计学院学报, 2011, 25 (1): 67 – 76.

[28] 廖士光, 杨朝军. 海外证券市场卖空交易机制基本功能研究 [J]. 外国经济与管理, 2005a (3): 40 – 47, 55.

[29] 廖士光, 杨朝军. 证券市场卖空交易机制的价格发现功能探讨 [J]. 上海立信会计学院学报, 2006 (1): 73 – 77.

[30] 廖士光, 杨朝军. 卖空交易机制、波动性和流动性——一个基于香港股市的经验研究 [J]. 管理世界, 2005b (12): 5 – 13, 171.

[31] 廖士光, 张宗新. 新兴市场引入卖空机制对股市的冲击效应——来自香港证券市场的经验证据 [J]. 财经研究, 2005 (10): 42 – 52.

[32] 林舒, 魏明海. 中国 A 股发行公司首次公开募股过程中的盈利管理 [J]. 中国会计与财务研究, 2000 (2): 87 – 130.

[33] 刘端, 陈收. 股票价格对中国上市公司投资行为的影响——基于不同股权依赖型公司的实证 [J]. 管理评论, 2006 (1): 31 – 36, 64.

[34] 刘端, 陈收. 上市公司权益与负债双重融资决策实证研究 [J]. 管理科学学报, 2009, 12 (1): 124 – 136.

[35] 刘明, 袁国良. 债务融资与上市公司可持续发展 [J]. 金融研究, 1999 (7): 34 – 40.

[36] 刘星, 魏锋, 詹宇, Benjamin Y. Tai. 我国上市公司融资顺序的实证研究 [J]. 会计研究, 2004 (6): 65 – 72.

[37] 陆正飞, 叶康涛. 中国上市公司股权融资偏好解析——偏好股权融资就是缘于融资成本低吗?[J]. 经济研究, 2004 (4): 50 – 59.

[38] 罗党论, 甄丽明. 民营控制、政治关系与企业融资约束——基于中国民营上市公司的经验证据 [J]. 金融研究, 2008 (12): 163 – 178.

[39] 吕怀立, 李婉丽, 钟宇翔. 卖空机制能否提升应计信息的定价效率——来自融资融券的经验证据 [J]. 中国会计评论, 2014, 12 (Z1): 367 – 388.

[40] 孟庆斌, 侯德帅, 汪叔夜. 融券卖空与股价崩盘风险——基于中

国股票市场的经验证据 [J]. 管理世界, 2018, 34 (4): 40 - 54.

[41] 孟庆斌, 邹洋, 侯德帅. 卖空机制能抑制上市公司违规吗? [J]. 经济研究, 2019, 54 (6): 89 - 105

[42] 倪骁然, 朱玉杰. 卖空压力影响企业的风险行为吗? ——来自 A 股市场的经验证据 [J]. 经济学 (季刊), 2017, 16 (3): 1173 - 1198.

[43] 乔旭东. 上市公司会计信息披露与公司治理结构的互动: 一种框架分析 [J]. 会计研究, 2003 (5): 45 - 49.

[44] 权小锋, 尹洪英. 中国式卖空机制与公司创新——基于融资融券分步扩容的自然实验 [J]. 管理世界, 2017 (1): 128 - 144, 187.

[45] 苏冬蔚, 倪博. 转融券制度、卖空约束与股价变动 [J]. 经济研究, 2018, 53 (3): 110 - 125.

[46] 邵帅, 吕长江. 实际控制人直接持股可以提升公司价值吗? ——来自中国民营上市公司的证据 [J]. 管理世界, 2015 (5): 133 - 146, 188.

[47] 唐松, 吴秋君, 温德尔, 等. 卖空机制、股价信息含量与暴跌风险——基于融资融券交易的经验证据 [J]. 财经研究, 2016, 42 (8): 73 - 84.

[48] 王斌, 梁欣欣. 公司治理、财务状况与信息披露质量——来自深交所的经验证据 [J]. 会计研究, 2008 (2): 31 - 38, 95.

[49] 王彦超. 融资约束、现金持有与过度投资 [J]. 金融研究, 2009 (7): 121 - 133.

[50] 王朝阳, 王振霞. 涨跌停、融资融券与股价波动率——基于 AH 股的比较研究 [J]. 经济研究, 2017, 52 (4): 151 - 165.

[51] 王仲兵, 王攀娜. 放松卖空管制与企业投资效率——来自中国资本市场的经验证据 [J]. 会计研究, 2018 (9): 80 - 87.

[52] 吴超鹏, 吴世农, 程静雅, 等. 风险投资对上市公司投融资行为影响的实证研究 [J]. 经济研究, 2012, 47 (1): 104 - 119, 160.

[53] 肖浩, 孔爱国. 融资融券对股价特质性波动的影响机理研究: 基于双重差分模型的检验 [J]. 管理世界, 2014 (8): 30 - 43, 187 - 188.

[54] 肖华, 张国清. 内部控制质量、盈余持续性与公司价值 [J]. 会计研究, 2013 (5): 73 - 80, 96.

［55］肖泽忠，邹宏. 中国上市公司资本结构的影响因素和股权融资偏好 ［J］. 经济研究，2008（6）：119－134，144.

［56］肖作平. 股权结构对资本结构选择的影响——来自中国上市公司的经验证据 ［J］. 当代经济科学，2004（1）：1－7，93.

［57］许红伟，陈欣. 我国推出融资融券交易促进了标的股票的定价效率吗？——基于双重差分模型的实证研究 ［J］. 管理世界，2012（5）：52－61.

［58］杨德勇，吴琼. 融资融券对上海证券市场影响的实证分析——基于流动性和波动性的视角 ［J］. 中央财经大学学报，2011（5）：28－34.

［59］杨继伟. 股价信息含量与资本投资效率——基于投资现金流敏感度的视角 ［J］. 南开管理评论，2011，14（5）：99－108.

［60］杨兴全. 我国上市公司融资结构的治理效应分析 ［J］. 会计研究，2002（8）：37－45.

［61］杨阳，万迪昉. 股指期货真的能稳定市场吗？［J］. 金融研究，2010（12）：145－158.

［62］于丽峰，唐涯，徐建国. 融资约束、股价信息含量与投资－股价敏感性 ［J］. 金融研究，2014（11）：159－174.

［63］俞鸿琳. 股票价格能否影响公司投资水平 ［J］. 经济科学，2011（4）：88－98.

［64］喻坤，李治国，张晓蓉，等. 企业投资效率之谜：融资约束假说与货币政策冲击 ［J］. 经济研究，2014，49（5）：105－120.

［65］袁国良，郑江淮，胡志乾. 我国上市公司融资偏好和融资能力的实证研究 ［J］. 管理世界，1999（3）：150－157，200.

［66］张纯，吕伟. 机构投资者、终极产权与融资约束 ［J］. 管理世界，2007（11）：119－126.

［67］张戈，王美今. 投资者情绪与中国上市公司实际投资 ［J］. 南方经济，2007（3）：3－14.

［68］张璇，周鹏，李春涛. 卖空与盈余质量——来自财务重述的证据 ［J］. 金融研究，2016（8）：174－190.

［69］张学勇，廖理. 股权分置改革、自愿性信息披露与公司治理 ［J］.

经济研究, 2010, 45 (4): 28 – 39, 53.

[70] 赵景文. 公司治理质量与盈余质量——基于中国治理指数（CCGI ~ (NK)）的初步证据 [J]. 南开管理评论, 2006 (5): 14 – 21.

[71] 周斌, 翟伟丽, 张媛, 何基报. 金融危机后全球卖空监管政策比较及启示 [J]. 证券市场导报, 2010 (9): 63 – 70.

[72] 周春生, 杨云红, 王亚平. 中国股票市场交易型的价格操纵研究 [J]. 经济研究, 2005 (10): 70 – 78.

[73] 周业安, 宋翔. 股票市场波动与公司投资 [J]. 经济管理, 2010, 32 (12): 118 – 126.

[74] Aitken M J, Frino A, McCorry M S, Swan P L. Short sales are almost instantaneously bad news: Evidence from the Australian Stock Exchange [J]. The Journal of Finance, 1998, 53 (6): 2204 – 2223.

[75] Alexander G J, Peterson M A. The effect of price tests on trader behavior and market quality: An analysis of RegSHO [J]. Journal of Financial Markets, 2008, 11 (1): 83 – 111.

[76] Allen F, Gale D. Arbitrage, short sales, and financial innovation [J]. Econometrica: Journal of the Econometric Society, 1991, 59 (4): 1041 – 1068.

[77] Allen F, Morris S, Postlewaite A. Finite bubbles with short sale constraints and asymmetric information [J]. Journal of Economic Theory, 1993, 61 (2): 205 – 229.

[78] Asquith P, Pathak P A, Ritter J R. Short interest, institutional ownership, and stock returns [J]. Journal of Financial Economics, 2005, 78 (2): 243 – 276.

[79] Baker M, Stein J C, Wurgler J. When does the market matter? Stock prices and the investment of equity-dependent firms [J]. The Quarterly Journal of Economics, 2003, 118 (3): 969 – 1005.

[80] Baker M, Wurgler J. Market timing and capital structure [J]. The Journal of Finance, 2002, 57 (1): 1 – 32.

[81] Bakke T E, Whited T M. Which firms follow the market? An analysis

of corporate investment decisions [J]. The Review of Financial Studies, 2010, 23 (5): 1941 – 1980.

[82] Barro R J. The stock market and investment [J]. The Review of Financial Studies, 1990, 3 (1): 114 – 131.

[83] Baxter N D. Leverage, risk of ruin and the cost of capital [J]. The Journal of Finance, 1967, 22 (3): 394 – 403.

[84] Bebchuk L A, Stole L A. Do short-term objectives lead to under-or overinvestment in long-term projects? [J]. The Journal of Finance, 1993, 48 (2): 719 – 729.

[85] Beber A, Pagano M. Short-Selling Bans Around the World: Evidence from the 2007 – 2009 Crisis [J]. The Journal of Finance, 2013, 68 (1): 343 – 381.

[86] Bernardo A E, Welch I. Liquidity and financial market runs [J]. The Quarterly Journal of Economics, 2004, 119 (1): 134 – 158.

[87] Biddle G C, Hilary G, Verdi R S. How does financial reporting quality relate to investment efficiency? [J]. Journal of Accounting and Economics, 2009, 48 (2 – 3): 112 – 131.

[88] Blanchard O, Rhee C, Summers L. The stock market, profit, and investment [J]. The Quarterly Journal of Economics, 1993, 108 (1): 114 – 136.

[89] Boehmer E, Jones C M, Wu J, et al. What do short sellers know? [J]. Review of Finance, 2020, 24 (6): 1203 – 1235.

[90] Boehmer E, Jones C M, Zhang X. Which shorts are informed? [J]. The Journal of Finance, 2008, 63 (2): 491 – 527.

[91] Boehmer E, Wu J. Short selling and the price discovery process [J]. Review of Financial Studies, 2013, 26 (2): 287 – 322.

[92] Bosworth B, Hymans S, Modigliani F. The stock market and the economy [J]. Brookings Papers on Economic Activity, 1975 (2): 257 – 300.

[93] Bris A, Goetzmann W N, Zhu N. Efficiency and the Bear: Short Sales and Markets Around the World [J]. The Journal of Finance, 2007, 62 (3):

1029 – 1079.

［94］ Brockman P, Hao G Q. Short selling and price discovery: evidence from American depositary receipts ［J］. Journal of Financial Research, 2011, 34 (4): 569 – 588.

［95］ Brunnermeier M K, Oehmke M. Predatory short selling ［J］. Review of Finance, 2014, 18 (6): 2153 – 2195.

［96］ Bohl M T, Essid B, Siklos P L. Short-Selling Bans and the Global Financial Crisis: Are They Interconnected? ［J］. Applied Economics Quarterly (formerly: Konjunkturpolitik), 2018, 64 (2): 159 – 177.

［97］ Campello M, Graham J R. Do stock prices influence corporate decisions? Evidence from the technology bubble ［J］. Journal of Financial Economics, 2013, 107 (1): 89 – 110.

［98］ Campello M, Matta R, Saffi P. The rise of the equity lending market: Implications for corporate financial policies ［R］. Working Paper, Cornell University, SKEMA Business School, and University of Cambridge, 2018.

［99］ Chang E C, Cheng J W, Yu Y. Short-sales constraints and price discovery: Evidence from the Hong Kong market ［J］. The Journal of Finance, 2007, 62 (5): 2097 – 2121.

［100］ Chen Q, Goldstein I, Jiang W. Price informativeness and investment sensitivity to stock price ［J］. The Review of Financial Studies, 2007, 20 (3): 619 – 650.

［101］ Cheng L Y, Yan Z, Zhao Y, et al. Short selling activity, price efficiency and fundamental value of IPO stocks ［J］. Pacific-Basin Finance Journal, 2012, 20 (5): 809 – 824.

［102］ Chirinko R S, Schaller H. Fundamentals, Misvaluation, and Investment: The Real Story ［R］. SSRN working paper, 2007.

［103］ Christophe S E, Ferri M G, Angel J J. Short-selling prior to earnings announcements ［J］. The Journal of Finance, 2004, 59 (4): 1844 – 1876.

［104］ Chu Y. Short Selling and the Product Market: Evidence from SHO

［R］. SSRN working paper，2015.

［105］Clinch G J，Li W，Zhang Y. Short selling and firms' disclosure of bad news：Evidence from Regulation SHO ［J］. Journal of Financial Reporting，2019，4（1）：1–23.

［106］Cohen L，Diether K B，Malloy C J. Supply and demand shifts in the shorting market ［J］. The Journal of Finance，2007，62（5）：2061–2096.

［107］Charoenrook A，Daouk H. A study of market-wide short-selling restrictions ［R］. Working Papers，2009.

［108］De Jong A，Verbeek M，Verwijmeren P. Firms' debt-equity decisions when the static tradeoff theory and the pecking order theory disagree ［J］. Journal of Banking & Finance，2011，35（5）：1303–1314.

［109］Dechow P M，Hutton A P，Meulbroek L，et al. Short-sellers，fundamental analysis，and stock returns ［J］. Journal of financial Economics，2001，61（1）：77–106.

［110］Dechow P M，Sloan R G，Sweeney A P. Detecting earnings management ［J］. Accounting Review，1995：193–225.

［111］Deng X，Mortal S. The Real Effects of Short Selling Constraints：Cross-Country Evidence ［R］. SSRN working paper，2016.

［112］Desai H，Krishnamurthy S，Venkataraman K. Do short sellers target firms with poor earnings quality? Evidence from earnings restatements ［J］. Review of Accounting Studies，2006，11（1）：71–90.

［113］Desai H，Ramesh K，Thiagarajan S R，et al. An investigation of the informational role of short interest in the Nasdaq market ［J］. The Journal of Finance，2002，57（5）：2263–2287.

［114］Deshmukh S，Gamble K J，Howe K M. Short Selling and Firm Operating Performance ［J］. Financial Management，2015，44（1）：217–236.

［115］Diamond D W，Verrecchia R E. Constraints on short-selling and asset price adjustment to private information ［J］. Journal of Financial Economics，1987，18（2）：277–311.

［116］Diether K B, Lee K H, Werner I M. Short-sale strategies and return predictability ［J］. The Review of Financial Studies, 2009, 22 (2): 574 – 607.

［117］Dow J, Gorton G. Stock Market Efficiency and Economic Efficiency: Is There a Connection? ［J］. The Journal of Finance, 1997, 52 (3): 1087 – 1129.

［118］Edmans A, Goldstein I, Jiang W. Feedback effects, asymmetric trading, and the limits to arbitrage ［J］. American Economic Review, 2015, 105 (12): 3765 – 3797.

［119］Efendi J, Kinney M, Swanson E P. Can short sellers anticipate accounting restatements? ［R］. SSRN Working Paper, 2004.

［120］Elliott W B, Koëter-Kant J, Warr R S. Market timing and the debt-equity choice ［J］. Journal of Financial Intermediation, 2008, 17 (2): 174 – 197.

［121］Engelberg J E, Reed A V, Ringgenberg M C. How are shorts informed?: Short sellers, news, and information processing ［J］. Journal of Financial Economics, 2012, 105 (2): 260 – 278.

［122］Erturk B, Nejadmaleyeri A. Equity Short Interest and the Cost of Corporate Debt ［R］. SSRN working paper, 2015.

［123］Fama E F, French K R. Financing decisions: who issues stock? ［J］. Journal of Financial Economics, 2005, 76 (3): 549 – 582.

［124］Fama E F, Miller M H. The theory of finance ［M］. Holt Rinehart & Winston, 1972.

［125］Fang V W, Huang A H, Karpoff J M. Short selling and earnings management: A controlled experiment ［J］. The Journal of Finance, 2016, 71 (3): 1251 – 1294.

［126］Fang V W, Noe T H, Tice S. Stock market liquidity and firm value ［J］. Journal of Financial Economics, 2009, 94 (1): 150 – 169.

［127］Farhi E, Panageas S. The real effects of stock market mispricing at the aggregate: Theory and empirical evidence ［R］. SSRN working paper, 2004.

［128］Fazzari S M, Hubbard R G, Petersen B C, et al. Financing constraints and corporate investment ［J］. Brookings Papers on Economic Activity,

1988, (1): 141 –206.

[129] Fazzari S M, Petersen B C. Working capital and fixed investment: new evidence on financing constraints [J]. The RAND Journal of Economics, 1993: 328 –342.

[130] Frank M Z, Goyal V K. Testing the pecking order theory of capital structure [J]. Journal of Financial Economics, 2003, 67 (2): 217 –248.

[131] Giannikos C I, Gousgounis E. Short sale constraints and dispersion of opinion: Evidence from the Indian equity market [J]. Financial Review, 2012, 47 (1): 114 –143.

[132] Gilchrist S, Himmelberg C P, Huberman G. Do stock price bubbles influence corporate investment? [J]. Journal of Monetary Economics, 2005, 52 (4): 804 –827.

[133] Goldstein I, Guembel A. Manipulation and the allocational role of prices [J]. The Review of Economic Studies, 2008, 75 (1): 133 –164.

[134] Gomes A, Phillips G. Why do public firms issue private and public securities? [J]. Journal of Financial Intermediation, 2012, 21 (4): 619 –658.

[135] Graham J R, Harvey C R. The theory and practice of corporate finance: Evidence from the field [J]. Journal of Financial Economics, 2001, 60 (2 –3): 187 –243.

[136] Grullon G, Michenaud S, Weston J P. The real effects of short-selling constraints [J]. The Review of Financial Studies, 2015, 28 (6): 1737 –1767.

[137] Hadlock C J, Pierce J R. New evidence on measuring financial constraints: Moving beyond the KZ index [J]. The Review of Financial Studies, 2010, 23 (5): 1909 –1940.

[138] Harrison J M, Kreps D M. Speculative investor behavior in a stock market with heterogeneous expectations [J]. The Quarterly Journal of Economics, 1978, 92 (2): 323 –336.

[139] Hayek F A. The use of knowledge in society [J]. The American Economic Review, 1945, 35 (4): 519 –530.

[140] He J, Tian X. Short sellers and innovation: Evidence from a quasi-natural experiment [J]. SSRN Electron Journal, 2014.

[141] Healy P M, Wahlen J M. A review of the earnings management literature and its implications for standard setting [J]. Accounting Horizons, 1999, 13 (4): 364 –383.

[142] Henry T R, Kisgen D J, Wu J J. Equity short selling and bond rating downgrades [J]. Journal of Financial Intermediation, 2015, 24 (1): 89 –111.

[143] Henry T R, Koski J L. Short selling around seasoned equity offerings [J]. The Review of Financial Studies, 2010, 23 (12): 4389 –4418.

[144] Hirshleifer D, Teoh S H, Yu J J. Short arbitrage, return asymmetry, and the accrual anomaly [J]. The Review of Financial Studies, 2011, 24 (7): 2429 –2461.

[145] Ho P H, Lin C Y, Lin T C. Equity Short Selling and the Bank Loan Market [J]. Journal of Money, Credit and Banking, 2021.

[146] Hong H, Stein J C. Differences of opinion, short-sales constraints, and market crashes [J]. Review of Financial Studies, 2003, 16 (2): 487 –525.

[147] Hoshi T, Kashyap A, Scharfstein D. Corporate structure, liquidity, and investment: Evidence from Japanese industrial groups [J]. The Quarterly Journal of Economics, 1991, 106 (1): 33 –60.

[148] Houston J F, James C M. Do relationships have limits? Banking relationships, financial constraints, and investment [J]. The Journal of Business, 2001, 74 (3): 347 –374.

[149] Jones C M, Lamont O A. Short-sale constraints and stock returns [J]. Journal of Financial Economics, 2002, 66 (2 –3): 207 –239.

[150] Karpoff J M, Lou X. Short sellers and financial misconduct [J]. The Journal of Finance, 2010, 65 (5): 1879 –1913.

[151] Keynes J M. The general theory of employment, money and interest [M]. The Collected Writings, 1936.

[152] Leary M T, Roberts M R. The pecking order, debt capacity, and infor-

mation asymmetry [J]. Journal of Financial Economics, 2010, 95 (3): 332 – 355.

[153] Lemmon M L, Roberts M R, Zender J F. Back to the Beginning: Persistence and the Cross-Section of Corporate Capital Structure [J]. The Journal of Finance, 2008, 63 (4): 1574 – 1608.

[154] Li Y, Zhang L. Short selling pressure, stock price behavior, and management forecast precision: Evidence from a natural experiment [J]. Journal of Accounting Research, 2015, 53 (1): 79 – 117.

[155] Luo Y. Do Insiders Learn from Outsiders? Evidence from Mergers and Acquisitions [J]. The Journal of Finance, 2005, 60 (4): 1951 – 1982.

[156] Macey J R, Mitchell M, Netter J. Restrictions on Short Sales: An Analysis of the Uptick Rule and Its Role in View of the October 1987 Stack Market Crash [J]. Cornell Law Review, 1988 (74): 799.

[157] Maffett M, Owens E, Srinivasan A. Short-sale constraints and default prediction around the world [R]. Working Paper, 2015.

[158] Massa M, Wu F, Zhang B, et al. Saving long-term investment from short-termism: The surprising role of short selling [R]. SSRN working paper, 2015.

[159] Massa M, Zhang B, Zhang H. The Invisible Hand of Short Selling: Does Short Selling Discipline Earnings Management [J]. Review of Financial Studies, 2015, 28 (6): 1701 – 1736.

[160] Massa M, Zhang B, Zhang H. Governance Through Threat: Does Short Selling Improve Internal Governance? [R]. SSRN working paper, 2013.

[161] Meng Q B, Li X Y, Kam C. Chan, Gao S H. Does short selling affect a firm's financial constraints? [J]. Journal of Corporate Finance, 2020, 60 (2): 1 – 28.

[162] Miller E M. Risk, uncertainty, and divergence of opinion [J]. The Journal of Finance, 1977, 32 (4): 1151 – 1168.

[163] Mitchell M, Pulvino T, Stafford E. Price pressure around mergers [J]. The Journal of Finance, 2004, 59 (1): 31 – 63.

[164] Modigliani F, Miller M H. The cost of capital, corporation finance and the theory of investment [J]. The American Economic Review, 1958, 48 (3): 261 –297.

[165] Modigliani F, Miller M H. Corporate income taxes and the cost of capital: a correction [J]. The American Economic Review, 1963, 53 (3): 433 –443.

[166] Morck R, Shleifer A, Vishny R W. Management ownership and market valuation: An empirical analysis [J]. Journal of Financial Economics, 1988, 20: 293 –315.

[167] Morck R, Shleifer A, Vishny R W, et al. The stock market and investment: is the market a sideshow? [J]. Brookings Papers on Economic Activity, 1990 (2): 157 –215.

[168] Morris S, Shin H S. Unique equilibrium in a model of self-fulfilling currency attacks [J]. American Economic Review, 1998: 587 –597.

[169] Myers S C. The Capital Structure Puzzle [J]. The Journal of Finance, 1984, 39 (3): 574 –592.

[170] Myers S C, Majluf N S. Corporate financing and investment decisions when firms have information that investors do not have [J]. Journal of Financial Economics, 1984, 13 (2): 187 –221.

[171] Nezafat P, Shen T, Wang Q. The Real Effects of Short Selling [R]. SSRN working paper, 2014.

[172] Ni X. The Real Effects of Short Selling on Firm Risk-taking: Evidence from a Quasi-Natural Experiment in China [R]. SSRN working paper, 2015.

[173] Polk C, Sapienza P. The stock market and corporate investment: A test of catering theory [J]. Review of Financial Studies, 2009, 22 (1): 187 –217.

[174] Saffi P A C, Sigurdsson K. Price efficiency and short selling [J]. The Review of Financial Studies, 2011, 24 (3): 821 –852.

[175] Scheinkman J A, Xiong W. Overconfidence and speculative bubbles [J]. Journal of Political Economy, 2003, 111 (6): 1183 –1220.

[176] Senchack A J, Starks L T. Short-sale restrictions and market reaction

to short-interest announcements ［J］. Journal of Financial and Quantitative Analysis, 1993, 28 (2): 177 –194.

［177］ Sharif S, Anderson H D, Marshall B R. The announcement and implementation reaction to China's margin trading and short selling pilot programme ［J］. International Journal of Managerial Finance, 2014, 10 (3): 368 –384.

［178］ Shleifer A, Vishny R W. Stock market driven acquisitions ［J］. Journal of Financial Economics, 2003, 70 (3): 294 –311.

［179］ Shyam-Sunder L, Myers S C. Testing static tradeoff against pecking order models of capital structure ［J］. Journal of Financial Economics, 1999, 51 (2): 219 –244.

［180］ Stein J C. Rational capital budgeting in an irrational world ［J］. Advances in Behavioral Finance, 2005 (2): 604 –632.

［181］ Stiglitz J E. A re-examination of the Modigliani-Miller theorem ［J］. The American Economic Review, 1969, 59 (5): 783 –793.

［182］ Subrahmanyam A, Titman S. The going-public decision and the development of financial markets ［J］. The Journal of Finance, 1999, 54 (3): 1044 –1082.

［183］ Wang J, Wei S X, Zhang B. Short Sale Constraints and Price Informativeness ［R］. SSRN working paper, 2008.

［184］ Wang Y, Wu L, Yang Y. Does the stock market affect firm investment in China? A price informativeness perspective ［J］. Journal of Banking & Finance, 2009, 33 (1): 53 –62.

［185］ Wang Z. Short sellers, institutional investors, and corporate cash holdings ［R］. SSRN working paper, 2014.

［186］ Warga A. Bond returns, liquidity, and missing data ［J］. Journal of Financial and Quantitative Analysis, 1992, 27 (4): 604 –617.